정치를 바라보는 3가지 관점

덕의 정치·사랑의 정치·힘의 정치

홍성민 교수의 **알**기쉬운 **정**치철학 강의

1권 정치를 보는 3가지 관점

덕의 정치·사랑의 정치·힘의 정치

홍 성 민 지음

인간사랑

왜 정치철학을 공부해야 하나?

왜 정치철학 공부를 해야 할까? 정치를 이해하고 정책대안을 찾으려면 차라리 북한문제를 연구하거나, 미국의 대선제도를 공부하는 것이, 더 현실적인 방법이 아닐까? 솔직히 말해 정치철학이란 결국 옛날 얘기 아닌가? 그래서 오늘날 한국사회에 적용하기에는 너무 고리타분하지 않나?

대부분의 사람들은, 정치학을 전공한 사람이건 정치학에 관심이 없는 사람이건, 정치철학은 따분하고 힘든 공부라고 생각할 것이다. 더구나 책 속에 매몰된 고답적인 공부라고 생각하기 쉽다. 홍알정(홍성민 교수의 알기 쉬운 정치철학 강의)을 시작하면서, 무엇보다도 이러한 통념을 깨부술 수 있는 반박논리를 먼저 제시해야 할 것 같다. 그래야 사람들이 정치철학에 관심을 갖지 않겠나! 그리고 힘이 남아 있다면, 정치철학이 얼마나 재미있고 현실적인 정책을 제안할 수 있는 공부인지를 밝혀보려 한다. 그러기 위해서는 우선 정치학이라는 지식이 어떤 속성을 갖는지를 알아야 한다.

독일의 철학자 헤겔은 그의 저서 『정신현상학』에서 지식을 두 가지로 분류한 바 있다. 첫째는 자연과학이며 둘째는 정신과학이다. 이 두 가지 종류의 지식은 어떻게 다른가? 이를 이해하기 위해서 예를 하나 들어보자. '저 창밖에 학교 건물이 서 있다'라는 표현은 논리적으로 가능한가? 그렇다면 '저 창밖에 한국정치가 서 있다'라는 표현은 어떤가? 뭔가 어색하지 않은가? 분명 창밖에 건물이 서 있는 것은 우리가 눈으로 확인할 수 있기 때문에 첫 번째 진술은 상식적으로 가능한 표현이다. 그렇지만 한국정치를 우리 눈으로 직접 볼 수 있는가? 그렇지 않다. 그러면 어떻게 한국정치를 바라보고 분석을 내릴 수 있을까? 이를 위해서는 관점(perspectives)이라는 것이 필요하다. 이것이 바로 자연과학과 정신과학이 다른 이유이다. 즉 자연과학은 직접 보고, 만지고, 통계수치를 내릴 수 있는 지식이라면, 정신과학은 일정한 관점을 전제할 때에 비로소 관찰이 가능하고, 개념을 통해서만 분석할 수 있는 지식이다. 정치학은 바로 정신과학에 속하는 학문이다.

그런데 관점은 무엇인가? 그것은 한 시대의 가치관을 표현하는 지식체계이다. 예를 들어 자유주의(liberalism), 사회주의(socialism), 사회민주주의(social democracy) 등이 바로 17세기, 18세기, 19세기를 대표했던 정치적 가치관이다. 그리고 이러한 관점 아래서 다양한 개

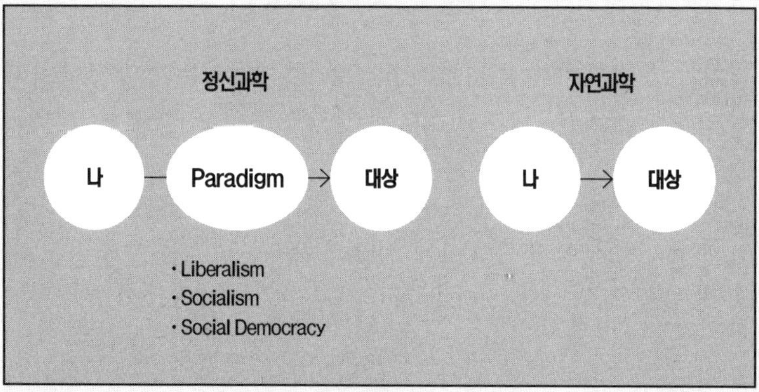

정치철학의 특성

념들이 파생적으로 생겨난다. 즉 각각의 관점은 거기에 대응하는 개념들이 있는데, 예를 들면 국가, 시민사회, 개인권리, 사회정의 등이다. 정신과학과 자연과학의 차이를 그림으로 나타내면 위의 표와 같다.

따라서 우리는 이러한 관점과 개념들을 순서 있게 공부해야 한다. 그러지 않으면 정치적 신념과 소통에 큰 혼란이 발생한다. 지금 한국정치가 엉망진창이 된 가장 큰 이유가 여기에 있다고 필자는 생각한다. 가끔 국회에서 정치인들이 말하는 것을 듣고 있노라면 어처구니없는 장면을 자주 목도한다. 자유주의를 외치는 사람이 국민복지에 대한 정책을 말할 때는 사회민주주의적 개념을 동원하거나, 자신이 사민주의자라고 외치는 사람이 보수주의자들보다 더 지독한 공리주의적 태도를 보이는 경우가 허다하다. 정치를 전문적으로 하는 사람조차 관점과 개념이 제대로 이해되지 않고 있으니, 현실을 진단하고 미래를 위한 비전을 제시하는데, 혼돈이 생기는 것은 당연하다. 이러한 혼란을 피할 수 있는 유일한 방법이 바로 정치철학을 공부하는 것이다.

그러므로 정치철학에 대한 인식론적 훈련이 있은 후에야 '저 창 밖에 한국정치가 서 있다'라는 진술에 자신만의 분석과 판단을 내릴 수 있게 된다. 이것은 마치 영어회화를 하기 위해서 일정한 문법을 먼저 공부해야 하는 것과 같다. 단어만 나열한다고 영어회화가 되는 것이 아니듯이, 정치에 대한 정보만을 나열한다고 정치를 논할 수 있는 것이 아니다. 그런 의미에서 정치학은 저널리즘이나 정보수집과는 판이하게 다른 지식체계이다. 사실 정치현장을 누비는 기자들이나 정보원들이 정치학자들보다 고급정보를 더 많이 알고 있을 것이다. 그러나 그들의 생각을 학문적인 것으로 인정하지 않는다. 이러한 맥락에서 우리는 학문적인 입장에서 정치학을 공부하는 것이 무엇인지를 깨달아야 한다. 하지만 현실에서는 저널리즘과 학문의 구분이 제대로 이루어지지 않은 채 정치를 논하는 경우가 많다.

더구나 요즘은 저널리즘이나 정책연구를 주도하는 국책기관은 많지만, 학문을 연구하는 연구소는 점차 적어지고, 대학마저도 학문의 기능을 잃어가고 있다. 정말 큰 일이다. 정신과학에 대한 기반이 없이 정치를 논하는 것은 기초과학에 대한 준비 없이 반도체나 우주선을 만들려고 하는 것이나 마찬가지이다. 먹고 사는 문제에 매몰되고, 성급하게 정책대안을 찾는 데 혈안이 된 한국 사회에서, 정신과학에 대한 기초가 무너지는 것이 매우 우려스럽다. 또 정치학에 대한 기본이 갖추어지지 않은 사람들이 현실정치에 등장하는 것도 매우 걱정스럽다. 나는 아주 오래전부터 정치에 입문하려는 사람은 반드시 정치철학 자격시험을 보아야 한다고 주장해 왔다. 그런 의미에서 정치학의 기초를 다지거나, 자격시험을 준비하고자 하는 사람들에게, 이 책이 길잡이 역할을 하기를 바란다.

보통 정치학이라고 하면 선거제도나 행정부의 구조를 공부하는 것이라고 생각하기 쉬운데, 정치학의 범위를 그렇게 협소하게 한정하면 현실정치를 제대로 알 수 없다. 정치철학은 한 시대의 생활세계를 관통하면서 탄생한 가치관이기 때문에 거기에는 그 시대를 대표했던 자연과학, 문학, 예술, 음악, 건축 등이 녹아 있다. 예를 들어 자유주의의 새벽을 열었던 홉스의 『리바이어던』은 인간론에 대한 중세적 가치관을 공격하면서, 당대 최신의 자연과학적 지식을 흡수하고 있다. 즉 갈릴레이의 천문학을 바탕으로 근대적 인간론을 설명하고 있다. 우리가 잘 알고 있는 "만인 대 만인의 투쟁"이라는 명제가 바로 근대적 인간론에서 출발한 것이다. 따라서 17세기 자연과학의 흐름을 이해하지 못하면 홉스의 텍스트를 정확히 알 수 없다. 또 20세기 초반 히틀러는 자신의 독재체제를 유지하기 위해서 바그너의 음악을 활용했는데, 히틀러의 정치적 특색을 이해하기 위해서는 음악의 역할을 반드시 알아야 한다. 그리고 1970년대 프랑스의 정치철학자 미셸 푸코는 『감시와 처벌』이라는 책에서 18세기 건축구조물이 인간의 육체를 관리하는 역할을 한다고 밝힘으로써 정치권력과 건축구조의 상관관계를 강조한 바 있다. 이처럼 정치학은 인접학문과 매우 밀접한 연결성을 가지고 있기에, 우리는 정치학의 연구대상을 인문학은 물론 자연과학에까지 확장시켜야 한다. 이 책은 바로 그렇게 외연을 넓힌 정치학의 본질을 찾으려는 목표를 가지고 집필되었다.

이 책은 전문적인 학술서적이 아니다. 그러기에는 담론수준이 좀 가볍다. 나는 적어도 정치학을 전공하지 않은 사람이 읽어도 될 만큼 쉬운 책을 써보려고 했다. 즉 정치학 공부가 재미있다는 계기를 만들어 주고 싶었다. 그래서 여기에 인용하는 책들은 외국어 원서가 아니라 한국어 번역본을 사용했으며, 전문적인 논문들을 인용하지 않았다. 손쉽게 구할 수 있는 한국어 번역본으로, 알기 쉽게 원전을 읽을 수 있는 안내서를 집필한 것이다. 그렇다고 이 책은 교양서적도 아니다. 그러기에는 여기서 다루고 있는 텍스트가 제법 무게가 나가는 것들이다. 즉 2차 자료(해설서)가 아니라 1차 자료(원본)만을 주로 다루었다. 이를 통해서 정치에 대해서 한마디 하려면 최소한의 문법을 알아야 하며, 그러기 위해서는 고전을 읽어야 한다는 경각심을 일깨우고 싶었다. 정치를 가십(Gossip)처럼 떠버리는 한국사회의 좋지 못한 관행이 사라지기를 바란다.

사실 이 책은 2021년 10월부터 필자가 시작했던 유튜브 방송 '홍알정'을 기반으로 한다. 그렇지만 유튜브 방송과 집필이 완전히 동일하지는 않다. 역시 '말하기'와 '글쓰기'는 전혀 다른 작업이다. 그러나 글이 이해되지 않는 부분은 유튜브 강연을 통해 보완할 수 있을 것이며, 유튜브 강연이 놓친 부분은 책을 통해서 보충할 수 있을 것이다.

지금 생각에 이 책을 17권 정도로 구상하고 있다. 그보다 적어질지, 더 많아질지는, 잘 모르겠다. 분량이 어느 정도인지를 가늠하기 전에, 오로지 한국정치가 분명히 알아야 할 중요한 쟁점들을 정리해 보고자 한다. 유튜브 방송이 먼저 시작되었고, 앞으로도 지속될 것이다. 거기서 누락되거나 보충되어야 할 부분을 보완하며 책으로 써나갈 예정이다. 각 시대를 대표하는 정치이념을 설정하고, 거기에 해당하는 개념과 고전을 선정하여, 가장 알기 쉬운 언어로 책을 써 갈 생각이다. 평생 학자로 살아 온 내가, 교수로 살아온 인생에 감사하는 마음으로, 스스로에게 던진 마지막 숙제가 이 책을 집필하는 것이다. 제대로 해낼 수 있을까? 독자들의 격려가 있다면 큰 힘이 될 것 같다.

앞으로 저술할 각 권의 제목과 내용은 아래와 같이 계획 중이다.

1. 정치를 보는 3가지 관점: 덕의 정치, 사랑의 정치, 힘의 정치
2. 자유주의 정치: 홉스, 로크, 루소, 칸트, 헤겔
3. (프랑스의) 사회주의: 생시몽, 푸리에, 프루동, 마르크스, 토크빌
4. 사회민주주의 혹은 중도정치: 스튜어트 밀(영국), 베르쉬타인(독일), 뒤르켐과 레옹 부르주아(프랑스), 연방주의자들(미국)
5. 프랑크푸르트학파와 버밍햄 학파, 그리고 한국의 문화이론:

아도르노와 마르쿠제(독일), 스튜어트 홀과 헵디지(영국), 한류의 미래

6. 프랑스의 포스트 모던: 알튀세, 푸코, 부르디외, 들뢰즈

7. 미국의 정의론: 롤스, 노직, 샌들

8. 지구화 시대의 정의론: 왈쩌, 킴리카, 메리안 영, 낸시 프레이저

9. 타자의 정치학 1: 하버마스, 레비나스, 메를로 퐁티

10. 타자의 정치학 2: 하이데거, 후설, 사르트르

11. 페미니즘의 정치학: 밀에서 스피박까지

12. 후기 식민성의 정치학: 인도와 남미의 정치학 이론

13. 국가론의 정치학: 식민지 근대화론을 넘어서

14. 한국 민족주의 미래: 분단과 인종을 넘어서

15. 교육의 위기와 대안모색(서양편)

16. 교육의 위기와 대안모색(한국편)

17. AI 시대 새로운 정치학의 방향

서론

정치를 바라보는 3가지 시선은 결국 고대정치, 중세정치, 근대정치의 3가지 정치사조를 가리킨다. 3가지 이념들은 서양 역사에서 순차적으로 등장하였지만, 현대정치에서는 서로 교차하고 혼합되어 나타난다. 예를 들어 고대정치의 대표자였던 아리스토텔레스는 20세기 미국의 공동체주의자들의 담론 속에 살아 있으며, 중세를 대표하는 기독교의 영향은 니버의 국제정치학이나 레비나스의 타자의 정치철학에 녹아 있고, 근대정치의 출발점이었던 마키아벨리의 사상은 베버나 그람시를 거쳐 한국정치의 노동운동에 여전히 남아 있다. 따라서 3가지 관점은 현대정치를 이해하는 기본 틀이다. 기본을 정확히 알아야 변형된 모습을 제대로 이해할 수 있다.

1부에서는 덕의 정치라는 이름으로 고대정치의 이념을 다룬다.

덕의 정치라는 개념은 아리스토텔레스로부터 연유했으며, 이것은 근대정치에 이르러 칸트와 마르크스로부터 비판을 받게 된다. 고대와 근대의 차이를 알려면 아리스토텔레스와 칸트를 비교해야 하고, 정의론의 차이점은 아리스토텔레스와 마르크스의 가치론을 비교해야만 한다. 반면 아리스토텔레스의 사상은 20세기 공동체주의자들의 사상적 자양분으로 다시 살아나서 여전히 위력을 발휘한다. 이 책에서는 매킨타이어와 샌들을 다루었다. 한편 덕의 정치라는 관점은 공자의 사상과 비교할 만하다. 공자의 인과 중용이라는 개념을 중심으로 아리스토텔레스와 공자를 비교했다.

2부에서는 사랑의 정치라는 이름으로 중세정치의 이념을 다룬다. 중세는 아퀴나스의 신학론이 지배하던 시대였다. 나는 아퀴나스를 다룰 능력이 없고, 또 아퀴나스를 읽을 필요도 없다고 생각한다. 단지 현재에 남아 있는 성경의 단초를 찾아내어 정리해 보고자 했다. 그 대표적인 학자가 레비나스, 리쾨르, 니버이다. 이들은 각각 기독교에서 강조하는 사랑의 개념이 정치 현실에서 적용될 수 있는 가능성과 한계를 적나라하게 보여주고 있다. 그리고 이 3명의 학자들은 돌봄의 정치, 해석의 정치, 현실주의 정치라는 형식으로 여전히 영향력을 행사하고 있다. 결코 철 지난 넋두리가 아니라는 뜻이다. 한편 중국의 고대사상가로서 묵자를 다루어, 묵자가 설파한 겸애라는 것이 과연 기독교 전통에서 말하는 사랑과 비교될 만한 것인가 살펴보았다.

3부에서는 힘의 정치라는 이름으로 근대정치의 이념을 다룬다.

근대정치는 아리스토텔레스와 성경을 비판하는 것으로부터 시작되었다. 그래서 덕과 사랑의 대척점에 힘이라는 개념이 자리 잡는다. 그리고 소규모의 폴리스 공동체와 사랑의 공동체를 넘어서 근대국가를 만들려는 정치적 의지가 전면에 나선다. 근대국가의 생존이 모든 수단을 정당화할 수 있게 된 것이다. 이를 대표하는 사람이 바로 마키아벨리이다. 이후에 베버는 정치의 전문성을 강조했고, 마이네케는 국가이성을 통해 국가의 행동원칙을 마련했으며, 그람시는 민중의 마음을 사로잡는 방법을 고민했다. 현대정치에서 가장 많이 인용되고, 가장 많은 영향력을 행사하고 있는 정치적 가치관이다. 한편 전국시대에 진나라를 통일하는 데 큰 역할을 했던 한비자의 사상을 비교해 보았다. 한비자의 시대와 문제의식은 힘의 정치를 논하면서 그람시와 비교할 만한 대상임에 틀림없다.

차 례

시리즈를 시작하며 - 왜 정치철학을 공부해야 하나? 5
서론 13

1부 ____ 덕의 정치 19
1장 아리스토텔레스 22
1절 덕이란 무엇인가? 24
2절 정의란 무엇인가? 38
2장 아리스토텔레스에 반대하는 철학 48
1절 칸트의 형이상학 48
2절 마르크스의 가치론 56
3장 아리스토텔레스에 찬성하는 학자들 67
1절 알래스데어 매킨타이어 67
2절 마이클 샌들 71
4장 공자: 동양의 덕치 75

2부 ____ 사랑의 정치 85
1장 레비나스 87

2장 리쾨르 98

3장 니버 114

4장 묵자: 동양에서 사랑의 정치 130

3부 ___ 힘의 정치 141

1장 마키아벨리 143

2장 베버 159

3장 마이네케 168

4장 그람시 177

5장 한비자: 동양의 마키아벨리 191

1권을 마무리하며 202

1부
덕의 정치

POLITICAL
PHILOSOPHY

덕의 정치에 따르면 바람직한 정치란 인간의 성숙한 덕성을 발휘하는 것이다. 따라서 정치인은 훌륭한 인격과 전문지식을 갖추어야 하며, 일반시민들도 정치에 대한 기본적인 교양을 훈련받아야 한다. 그런데 서양 정치사에서 덕의 정치라는 개념은 아리스토텔레스에서 시작한다. 덕이라는 말은 그리스어로 "아레테(ARETE)"라고 쓰고, 영어로는 virtue로 표현된다. 이 말이 일본어를 거쳐 한국에 수입될 때 덕이라고 번역되었다. 이 개념은 인간의 본성을 이해하는 데 대단히 중요한 역할을 해 주며, 이것을 해석하는 방식에 따라 사회정의에 대한 입장이 달라진다. 그런 의미에서 아레테는 덕의 정치를 숙지하고, 아리스토텔레스의 사상적 입장을 이해하는 데 매우 중요한 연결고리이다. 또 근대와 현대의 정치철학은 바로 아레테에 대한 해석의 역사라고 해도 지나치지 않을 것이다. 따라서 덕의 정치를 이해하기 위해서 우선 아리스토텔레스의 사상을 살펴보고, 근대 사상가 중에서 이에 반대했던 칸트와 마르크스의 이론을 간략하게 정리하고, 현대 사상가로서 아리스토텔레스의 전통을 이어받고 있는 공동체주의자(매킨타이어와 샌들)를 검토한 후, 마지막으로 동양의 전통에서 덕의 정치를 주장했던 공자의 사상을 점검해보고자 한다.

1장 | 아리스토텔레스

아리스토텔레스의 저작 중에서 덕의 정치를 이해할 수 있는 가장 중요한 책은 어떤 것일까? 아리스토텔레스의 저작은 대단히 방대하다. 그는 우주론, 생물학과 같은 자연과학에 관련된 저술뿐만 아니라, 윤리학, 정치학, 수사학에 이르는 인문-사회과학의 저서를 남겼다. 물론 그의 저작들은 강의록을 글로 편집한 것이 대부분이다. 그래서 어떤 이는 그의 저작들 여러 사람이 했던 말과 글들을 아리스토텔레스의 이름으로 기록했다고 주장하기도 한다. 당시에는 강의하고 글을 쓴다는 것이 특정인만이 할 수 있는 일이었기 때문에, 당대에 유명했던 아리스토텔레스의 이름으로 글을 남기는 것이 관례였다고 한다. 어찌 되었건, 아리스토텔레스의 저작은 서양 학문의 토대가 되었으며, 특히 정치학에서는 그의 저작을 읽지 않고서 후대의 학문적 업적을 이해할 수가 없다. 그렇다면 이렇게 많은 저작 중에서 정치학도들이 반드시 읽어 보아야 할 책은 무엇일까?

필자는 정치학도가 읽어야 필독서가 세 권이라고 생각한다. 『니코마코스 윤리학』, 『정치학』, 『수사학』이다. 첫 번째는 인간의 본성과 정의로운 사회를 설명하고 있으며, 두 번째는 최선의 정치제도를 설명했고, 세 번째는 정치적 의견을 표현하는 방법에 설명하고 있다. 이렇게 놓고 보면 정치학의 기본 틀은 1. 인간이란 무엇인가? 2. 정의로운 사회란 무엇인가? 3. 바람직한 정치제도란 무엇인가? 4. 정치적 표현은 어떻게 할 것인가?로 요약될 수 있다. 이 네 가지 테마가 모두 아리스토텔레스의 3권의 저작 안에 담겨 있으며, 이것은 후대에 이루어진 정치학의 이론적 토대가 되었다.

그럼에도 불구하고 3권의 저작 중에서 한 권만 읽어야만 한다면 어떤 책을 먼저 보아야 할까? 현대를 살아가는 우리들은 책을 읽을 시간이 많지 않다. 더구나 전공자가 아니라면 꼭 모든 책을 다 읽어야 하는 것은 아니지 않을까? 3권 중에서 한 권만 추천하라고 한다면 덕의 개념이 잘 정리된 책은 무엇일까?

그것은 바로 『니코마코스 윤리학』이다. 이 책에는 인간론, 정의론, 정치제도론, 교육론 등이 포괄되어 있으며, 이후에 집필된 『정치학』과 『수사학』의 방향을 제시하고 있다. 이 책은 근대철학에서 칸트의 인식론과 대비되고 있으며, 헤겔의 법철학에 영향을 주고 있다. 또 마르크스의 가치론과 비교되고, 현대 정의론에서 공동체주의자들에게 철학적 기반을 제공하고 있다. 따라서 『니코마코스 윤리학』은 아리스토텔레스 사상의 핵심이며, 나아가 현대정치철학의 토대가 된다. 결론적으로 덕의 정치를 이해하는 데 핵심적인 책이다.

우선 『니코마코스 윤리학』의 구성을 살펴보자. 이 책은 열 권으로 이루어져 있으며, 각 권의 내용을 요약하면 다음과 같다. 1권은 정치학의 목표, 2권은 인간의 덕성. 3권과 4권은 인간의 감정, 5권은 정의론, 6권은 실천적 지혜(phronesis), 8권과 9권은 우정, 10권은 행복에 대해서 논하고 있다. 이 중에서 우리가 꼭 읽어 보아야 대목은 2권과 5권이다. 필자가 늘 강조하지만, 책의 모든 부분을 꼼꼼히 읽을 수는 없다. 따라서 고전의 핵심 부분을 빠르게 이해하고 전체의 흐름을 이해하는 것이 정치사상 공부에 있어서 관건이다. 그래서 이 책을 집필하고 있는 것이다. 또 2권과 5권을 제대로 독파한다면 다른 부분도 자연스럽게 이해될 수 있을 것이다. 2권은 인간의 본성과 관련하여 덕에 대해 논의하고 있으며, 5권은 사회정의에 대해 설명하고 있다. 두 가지 쟁점을 이해하는 것이 아리스토텔레스 사상의 전체를 이해하는 데 핵심이다.

1절 | 덕이란 무엇인가?

『니코마코스 윤리학』 2권에서는 덕에 대하여 논의한다. 여기서 인간 본성에 대한 아리스토텔레스의 입장이 잘 드러난다. 덕을 논의하는 아리스토텔레스의 입장을 한마디로 정리한다면, 인간이란 자신이 반복하는 행동에 따라서 선한 인간이 될 수도 있고, 나쁜 인간이 될 수도 있다는 것이다. 그래서 그는 습관을 강조한다. 아리스토텔레스의 개념 정의를 길게 인용해 보자. 2권 1장의 첫 문장은 이렇게 시작한다.

> "그래서 덕에는 지적인 덕과 도덕적인 덕 두 종류가 있는 것이다. 지적인 덕은 대체로 교육에 의하여 발생도 하고 성장도 한다. (그렇기

때문에 그것은 경험과 시간을 필요로 한다) 한편, 도덕적인 덕은 습관의 결과로 생긴다. 그런 까닭에 '에티케'(도덕적·윤리적)란 명칭은 '에토스'(습관)이란 말을 조금만 고쳐서 만든 것이다. 이것으로 미루어 보더라도, 도덕적인 덕은 그 어느 것이나 본성적으로 우리에게 생기는 것이 아님이 분명하다. 본성적으로 존재하는 것치고 그 본성에 반대되는 습관을 형성할 수 있는 것이란 하나도 없기에 말이다. 가령, 돌은 본성적으로 아래로 움직이도록 되어 있기 때문에, 아무리 천 번 만 번 위로 던져 위로 움직이게끔 훈련시켜 그것이 습관이 되게 하려 해도 그렇게는 도저히 할 수 없다. (...) 그러고 보면, 도덕적인 덕들은 본성적으로 우리 속에 생기는 것도 아니요, 본성에 반하여 우리 속에 생기는 것도 아니다. 오히려 우리가 본성적으로 그것들을 받아들이도록 되어 있으며, 또 습관에 의하여 완전하게 되는 것이다."(234쪽, 1103a)[1]

1 아리스토텔레스 지음, 최명관 역, 『니코마코스 윤리학』, 을유문화사. 1994. 필자가 보기에 한국어 번역본 중에 최명관의 번역이 그리스어를 가장 충실하게 옮기고 있으며, 주석에서 원본의 의미를 자세히 설명하고 있다. 그래서 필자는 이 책을 본 저서의 기본 텍스트로 사용하고자 한다. 그런데 최근 이 판본이 절판된 듯하니, 천병희 번역, 『니코마코스 윤리학』, 도서출판 숲, 2018을 참조해도 좋을 것이다. 한편 인용문에 붙은 1103a라는 숫자는 아리스토텔레스의 서작이 종이가 아니라 일종의 파피루스에 써졌으며, 그것의 원본의 형태가 현대의 종이책과는 쪽수가 다

위의 인용문에서 눈여겨보아야 대목은 두 가지이다. 첫째 덕에는 지적인 것과 도덕적인 것이 있다는 것, 둘째는 도덕적인 덕이란 습관과 관련되어 있다는 것이다.

우선 첫 번째 요인은 플라톤과 아리스토텔레스의 인식론적 대립으로 해석하는 것이 적절하다. 즉 플라톤은 도덕이란 앎의 문제이며, 도덕적이지 못한 행동을 하는 것은 무지에서 비롯된다고 생각했다. 반면 아리스토텔레스는 도덕적인 덕이란 앎의 문제이면서 동시에 행동의 문제이며, 이것은 습관과 관련되어 있다고 강조한다. 즉 알고 있는 것만으로는 부족하며, 좋은 행동을 반복적으로 행할 때 비로소 덕이 실현될 수 있다는 것이다. 그래서 아리스토텔레스는 실천적 지혜(프로네시스)를 강조한다. 즉 자신이 처한 맥락과 환경에 따라서 적절한 도덕적 행동이 달라질 수 있기 때문에, 상황에 맞는 적절한 행동을 결정하는 것이 중요한데, 그러한 판단력이 바로 실천적 지혜이다. 실천적 지혜에 대한 개념은 6권에서 자세히 설명되고 있다.

르기 때문에 붙여진 것이다. 즉 그리스어 판본이 발견되었을 당시 원본의 순서대로 번호를 매기고 같은 숫자 안에서 다시 a, b 등으로 순서를 정한 것이다. 따라서 한국어 번역본의 쪽수가 다르더라도 그리스어 판본의 쪽수인 1094a는 같은 지점을 나타내는 것이라고 할 수 있다.

두 번째 주목해야 할 대목은 도덕적인 덕이 습관과 관련되어 있다는 것이다. 이 점은 도덕이 행동과 관련되어 있다는 아리스토텔레스의 첫 번째 주장에서 자연스럽게 도출되는 결론이다. 좋은 행동을 반복하는 사람은 좋은 덕성을 가진 사람이 되며, 나쁜 행동을 반복하는 사람은 나쁜 사람이 될 수밖에 없다. 즉 습관이 인간의 덕성을 완성시킨다. 그런데 왜 습관이 중요한가? 이것은 사람이 본성적으로 선하거나 악하게 태어나는 것이 아니라, 살아가는 동안에 자신이 반복한 행동의 결과(습관)에 따라서 도덕성이 결정되기 때문이다. 이 부분이 인식론적으로 칸트와 대립된다. 즉 고대철학과 근대철학은 바로 습관을 강조하는가(아리스토텔레스) 또는 순수이성을 강조하는가(칸트)에 따라 달라진다. [2]

한편, 아리스토텔레스는 행동이 쾌락과 고통의 문제와 관련되어 있다고 본다. 그래서 일정한 행동에는 쾌락과 고통이 수반되며, 그에 따라 한 사람의 품성이 결정된다. 예를 들어 육체적 쾌락을 멀

2 프랑스의 포스트 모던 사상가들이 칸트를 비판하면서, 육체(푸코), 아비투스(부르디외), 무의식(라캉) 등을 강조하는데, 이러한 개념들의 기원을 곰곰이 따져 보면, 이것이 아리스토텔레스로부터 연유한다는 점을 알 수 있다. 즉 행동, 습관, 품성들이 바로 육체, 아비투스, 무의식으로 발전된 것으로 볼 수 있다는 것이다. 이렇게 놓고 보면 서양 철학사는 습관과 순수이성이라는 양극단을 두고 발전해 온 것으로 해석할 수도 있다.

리하는 데서 기쁨을 느끼는 사람은 절제 있는 사람이다. 그렇다면 방탕한 사람은 어떨까? 절제 있는 사람의 반대를 생각해 보면 된다. 즉 육체적 쾌락이 멀어질 때 괴로워하는 사람이 바로 방탕한 사람이다. 용기 있는 사람의 경우도 마찬가지이다. 무서운 일들을 견디는 사람이 용기 있는 사람이고, 그렇지 못한 사람이 비겁한 사람이다. 그래서 아리스토텔레스는 덕은 감정과 관계있다고 단언한다.

요약하자면, 덕이 행동으로 길들여지고, 그 행동은 감정과 관련이 된다. 따라서 행동과 감정은 인간의 품성을 형성하는 데 중요한 두 가지 요인이다. 특히 여기서 필자는 감정의 역할에 대해서 주목하고자 한다. 왜냐하면 칸트 이후의 근대철학에서는 순수이성과 합리성만이 강조되고, 인간의 감정에 대한 논의가 급격하게 축소되기 때문이다. 그러다가 포스트 모던의 철학적 반성 이후 서양철학에서는 감정에 대한 논의가 다시 살아나기 시작한다. 이른바 감정의 철학, 감정의 사회학이라는 이름으로 책들이 번역되었고, 최근 한국학자들에 의해서 연구 서적도 출판되기도 했다.[3] 감정을 통해서 한국사회를 분석하고 새로운 통합의 논리를 찾아가는 시도는 역시 아리스토텔레스적 영감에서 시작된 것이라고 나는 생각

3 박해용, 『감정의 철학』, 이담북스, 2019; 김왕배, 『감정과 사회: 감정의 렌즈를 통해 본 한국사회』, 한울, 2019; 홍성민, 『감정구조와 한국사회: 통합과 상생의 정치를 찾아서』, 한울, 2022년 등이 대표적인 경우이다.

한다. 또 중요한 것은 인간의 감정이 교육을 통해서 성숙되는 것이며, 이때 교육의 목표는 마땅히 기뻐하고, 마땅히 괴로워할 줄 아는 인간을 형성하는 것이다.[4] 기술교육에 매몰된 한국 현실에서 진지하게 성찰해 보아야 할 대목이다. 그렇다고 아리스토텔레스가 덕의 구성요소에서 지식이나 이성적인 요인을 배제하는 것은 아니다. 이성적 지성이란 현명한 판단을 할 때 필요한 요인이라고 강조하기 때문이다.

결국 덕은 세 가지로 구성된다. 첫째는 지식이며, 둘째는 행위의 선택이고, 셋째는 일정한 성격에서 나오는 행동이다. 그래서 그는 정념, 능력, 성품을 정신 속에 들어 있는 내용이라고 설명한다. 여기서 정념이란 감정과 관련되며, 능력이란 여러 가지 감정을 느끼면서 괴로워하거나 불쌍히 여기는 행동양식이고, 성품이란 정념과의 관계 속에서 적절함을 유지할 수 있는 상태이다. 이러한 맥락에서 덕이란 선택의 양식이다. 다시 말해 항상 적절함을 선택해야 하는 것이다. 그런데 적절한 선택이란 무엇일까? 그 답으로 아리스토텔레스는 중용의 개념을 제시한다. 즉 덕이란 중용에서 성립하는 성격의 상태이다.

4 필자는 교육과 관련하여 서양정치사상과 한국정치사상의 흐름을 55회 연속강연을 한 바 있다. 네이버의 오디오 클립에서 "홍성민 교수의 열린 생각"을 검색해 보라.

"또 실제적인 지혜를 가지고 있는 사람이 그것을 결정할 때에 기준으로 삼을 원리에 의하여 결정되지 않으면 안 되는 것이다. 그런데 그것은 두 악덕, 즉 과도로 말미암은 악덕과 부족으로 말미암는 악덕 사이의 중용이다. 그리고 또 그것이 중요한 까닭은 악덕이 정념과 행동에 있어서 옳은 것에 미치지 못하거나 넘어서는 데 반하여 덕은 중간의 것을 발견하고 선택하기 때문이다. 그러므로 덕은 그 본체에 있어서나 그 본질을 밝히는 정의에 있어서나 하나의 중용이요, 이때의 중용은 우리와의 관계에 있어서의 중용이요, 이 중용은 이성적 원리에 의하여, 그리고 최선이라던가 옳다고 하는 점에서는 정점을 이루는 것이다."(245쪽, 1107a)

말이 좀 어렵다. 좀 더 쉽게 풀어서 설명해보자. 중용은 두 가지를 의미를 가진다.

첫째는 두 극단의 중간을 의미한다. 중간은 극단의 어떤 것도 포함하지 않는 것이다. 이러한 입장은『동물지』나『영혼론』과 같은 저작에서도 그대로 나타난다. 이러한 맥락에서 중용은 산술적 비례에 근거한다. 아주 편하게 말해보면, 30센티 자에서 영과 30의 중간인 15가 바로 중용이다. 그래서 과도함과 부족함을 버리고 중간을 취했을 때 운동은 정지된다고 말한 바 있다. 이것은 윤리학에서뿐만 아니라 정치학에서도 그대로 적용된다. 예를 들어 바람직한 정치체제를 결정할 때 민주 정치체와 과두 정치체의 중간을 혼합하여 중도를 취한다고 설명한다. 우리가 일상에서 농담처럼 말할 때, 양쪽의 좋은 점을 골라 취사선택한다는 표현을 쓰는데, 이것이 바로 아리스토텔레스의 중용이다. 따라서 중용은 비율, 척도, 혼합, 균형 등으로 이해할 수 있다.

두 번째는 중용의 윤리적 성격이다. 이러한 입장은 첫 번째 의미가 가질 수 없는 동적인 원리를 지적한다. 아리스토텔레스는 윤리적 중용을 건강에 비유하면서 사람마다 건강을 지키는 방법이 다르듯이, 윤리적 중용도 상황과 맥락에 따라 다를 수 있는 점을 분명히 밝힌다. 예를 들어 분노의 감정을 표출할 때 중용이란 무엇일까? 적당히 분노를 표출할 수 있을까? 이에 대해서 그는 오히려 화를 낼 때, 화를 내어야 할 사건에서, 크게 분노하는 것이 중용의 덕이라고 설명한다. 그러나 반대로 화가 나더라도 분노를 삼켜야 할 순간도 있으니, 이때는 분노를 참는 것이 중용이다. 이러한 맥락에서는 윤리적 중용은 최선의 선택을 의미한다. 결론적으로 중용은 덕과 습관에 관련되어 있고, 감정적인 것과 관련되어 있는 만큼, 보편적인 규범으로 성립하기 어렵다. 더구나 중용은 행동의 목표와 가치관을 함축하고 있기에 행위자의 구체적인 상황과 맞물려 생각해야만 한다. 이렇게 놓고 보면 한 사회에서 도덕적 규범은 다수결에 의해서 결정되는 것이 아니라, 실천적 지혜를 가진 사람들의 중용에 의해서 문화적으로 형성되는 것이다. 그래서 아리스토텔레스는 "마땅히"라는 부사를 자주 사용한다.

"이와 마찬가지로, 화를 내거나 돈을 주거나 혹은 쓰는 일은 누구나 할 수 있는 일이요 또 쉬운 일이지만, 이런 일을 마땅한 사람에게, 마땅한 정도로, 마땅한 때에, 마땅한 동기에서, 그리고 마땅한 방법으로 하는 것은 누구나가 할 수 있는 일이 아니요, 또 쉬운 일도 아니다. 그러므로 무릇 잘한다는 것은 희귀한 일이요, 또 칭찬할 만하고 귀한 일이다."(251쪽, 1109a)

이러한 논리를 그대로 밀고 가면 중용이란 일상생활에서 현명한 선택을 하는 것과 관련된다. 더구나 그 선택은 감정의 표현방식과 밀접하게 연결되어 있다. 그래서 『니코마코스 윤리학』 3권에서는 다양한 감정의 형태를 설명한다. 그 대표적인 사례가 용기, 절제, 분노, 돈과 관련된 덕, 명예와 관련된 덕, 사교상의 덕이다. 그리고 부끄러움, 수줍음 등을 다룬다. 이것을 현대어로 다시 설명하면 결국 인간관계에서 나타나는 다양한 양태들이다. 이러한 맥락에서 중용이란 처신과 관련된다. 그리고 여기서 정치적 판단과 중용의 관계를 엿볼 수 있다. 즉 인간관계에서 드러나는 선택이란 결국 폴리스 공동체에서 정치적 결단과 연결되기 때문이다. 그래서 중용은 곧 실천적 지혜라고 볼 수 있다. 그는 실천적 지혜가 있는 사람의 특징은 "자신에게 유익하고 좋은 것에 관해서 잘 살필 수 있는 것"이라고 말하면서, "인간적인 선에 관해서 진실하고 이성적으로 할 수 있는 상태"라고 표현한다(6권 5장). 이것은 결국 상황에 따라 자신의 행동과 감정표현을 현명하게 할 수 있는 능력이다. 실천적 지혜는 학문적 인식이나 기술이 아니다. 또한 그것은 구체적인 상황과 관련되어 있다는 의미에서 경험적인 지식이다.

그런데 정치적 지혜와 실천적 지혜는 어떤 관계가 있을까? 아리스토텔레스는 마음의 상태로서는 둘이 동일한 것이지만, 존재양식이 다르다고 설명한다(6권 8장). 국가에 관련한 지혜는 입법적 지혜이고, 실천지는 개별적인 지혜라고 양분한다. 이어서 그는 정치적 실천지의 명칭을 4가지 분야로 세분한다. 첫째 가정, 둘째 입법, 셋째 정치이며, 마지막이 사법과 행정이라고 한다. 이렇게 두고 보면. 정치적 실천지=국가에 관련된 지식=행정과 사법+입법이라는 도식이 성립한다. 그리고 정치적 실천지는 전문적인 행동양식을 통해 드러나는 만큼 정치에 참여하기 위해서는 이 분야에 능숙한 사람만이 가능하다.[5]

5 필자는 오래전부터 정치에 입문하려는 사람은 반드시 자격시험을 치르고 일정한 자격증을 겸비해야 한다고 주장해 왔다. 마치 운전을 하기 위해서 면허증을 취득하는 것과 마찬가지 논리이다. 전혀 다른 분야에서 일을 해 오던 사람들이 순간적인 인기를 얻게 되어 정치권으로 진입하는 사례가 최근 한국 사회에서 빈번해졌다. 그런데 이러한 사람들에게 정치란 무엇으로 인식될까? 상식만 가지고는 정치를 할 수 없다. 정치가 요구하는 정치적 지혜는 실천지+전문적인 지식으로 구성된다. 그런 의미에서 정치를 하려는 사람은 최소한 정치학 지식을 갖추어야 한다. 이러한 생각이 국민들의 여론으로 승화되어 국회에서 정치자격증 제도가 입법화되기를 기대한다. 필자가 유튜브 방송(홍성민 교수의 알기 쉬운 정치

이러한 논리의 연장선상에서 우리는 아리스토텔레스가 말하는 정치학의 목표를 이해할 수 있다. 그는『니코마코스 윤리학』1권 1장에서 정치학의 위상에 대해서 설명한다. 정치학이란 활동 자체가 목적인 학문이며, 최종목표가 인간을 행복하게 하는 것이다. 대단히 유명한 개념 정의이다. 좀 길게 인용해 보도록 하자.

> "모든 기술과 탐구, 또 모든 행동과 추구는 어떤 선을 목표로 삼고 있는 것으로 생각된다. 그러므로 선이란 모든 것이 목표로 삼는 것이라고 한 주장은 옳은 것이라 하겠다. 그런데 여러 가지 목적들 간에는 어떤 차이가 있다. 즉, 활동 자체가 목적이 되는 경우가 있는가 하면, 또 어떤 성과를 생기게 하는 활동을 떠나 그러한 성과가 목적이 되는 경우도 있다. (…) 가령 의술의 목적은 건강이요, 조선의 목적은 배요, 병법의 목적은 승리요, 경제학의 목적은 부이다. 그런데 몇 가지 기술이 하나의 능력 밑에 종속하는 경우 이 모든 것에 있어서 으뜸가는 기술의 목적은 모든 종속적 목적보다 나은 것이다."(105쪽, 1094a)

철학)을 진행하고, 그것을 여기서 쉽게 글로 풀어 쓰고 있는 이유도 바로 이것이다. 즉 정치철학과 정치역사에 대한 지식이 실천지와 정치적 지식의 토대가 되어야 한다고 믿기 때문이다.

아리스토텔레스에 따르면 모든 일에는 목적이 있으며, 그 목적을 실현하는 것이 선이다. 그런데 정치학은 모든 학문 중에서 가장 최상의 목표를 실현하는 학문이다. 즉 경제학, 의학, 조선술 등을 포괄하는 최상의 학문이 바로 정치학이다. 위의 인용문에서 활동 자체가 목적인 경우가 있고, 성과가 목적인 경우가 있다고 말하면서 학문을 구분하고 있는데, 전자를 그리스어로 표현하면 프락시스(Praxis)이고, 후자는 포에시스(Poesis)이다. 즉 전자는 인간을 행복하게 만드는 것이 목표인 반면, 후자는 성과를 통해서 수단을 제공하는 것이다. 현대어로 풀이하면 전자가 목적지향적이라면, 후자는 도구적 수단을 지향한다. 그런데 정치학이 최상위의 학문이 되는 이유는 정치학을 통해서 어떤 학문을 육성해야 할 것이며, 국민들에게 어느 정도 학문을 교육할지를 결정하기 때문이다.

한편, 정치학이 추구하는 최선의 선은 행복이다. 아리스토텔레스에 따르면 사람들이 영위하는 삶 속에서 행복을 달성하기 위해서는 다음과 같은 세 가지 요인이 필요하다.

첫째가 물질적인 수단이 필요하다. 먹고 마시는 것과 같이 기본적인 삶의 토대가 마련되지 않으면 인간은 행복해질 수 없다. 이런 맥락에서 아리스토텔레스는 현실적인 물질론자라고 할 수 있고, 이것은 플라톤과 대조되는 특징이다. 왜냐하면 플라톤에게 현세의 삶은 허상이며, 현실을 넘어서는 이데아의 세계에 도달하는 것이 삶의 목표이기 때문이다. 이런 점에서 보면 아리스토텔레스와 플라톤의 사상적 차이는 현실주의자와 이상주의자의 대립이라고 할 수 있다. 그리고 이 두 가지 관점이 국가론이나 정의론을 전개하는 데 있어서도 큰 편차를 드러나게 한다.[6] 한편 여기서 중요한 점이 하나 있다. 아리스토텔레스가 삶의 물적 토대를 강조했지만, 쾌락 자체가 인간의 행복의 조건이라고 생각하지는 않았다. 쾌락이란 일시적인 향락일 뿐이며, 행복이란 삶의 방식과 관련되어 있고, 가치 있는 삶으로 유지되는 것이기 때문이다. 부는 분명 우리가 구하는 선이 아니라고 말한다.

둘째는 관조적인 삶이다. 이것은 인간의 내면적인 성찰을 강조하는 것이다. 내가 어떤 생각을 하고 어떤 가치관을 가지는 가에 따

6 조선시대에 4단7정론에 대한 논쟁이 있었다. 이것은 맹자의 텍스트에 대한 해석을 두고 기대승과 이황이 의견충돌을 일으킨 것이다. 후일 여기에 이율곡까지 참여함으로써 조선시대 최대의 논쟁거리가 되었다. 여기에는 인간의 본성과 관련하여 리와 기의 발현에 대한 우선순위를 두고 퇴계와 율곡의 이론적인 대립이 첨예하게 나타났다. 전자는 우주의 원리를 강조하는 이상주의적 입장을, 후자는 현실을 강조하는 현실주의적 입장을 견지했다. 그런데 이러한 입장 차이가 조선시대의 정책을 결정하는 데도 커다란 영향을 주게 된다. 대표적인 사례가 선조 시대에 일본의 침공을 두고 국방을 강화할 것인가를 두고 전개된 정책대결이다. 이처럼 인간의 행복이나 본성에 대한 철학적 입장은 추상적인 이론에만 그치는 것이 아니라 현실에 대한 해석과 구체적인 정책과도 밀접하게 연결되어 있다.

라 삶의 방식이 달라진다. 이러한 맥락에서 내면적인 삶에 대한 강조는 자유주의 정치철학에 계승되고 자유라는 개념으로 정착된다. 18세기 중반 존 스튜어트 밀즈(J. S. Mills)는 이것을 보다 세분화하여 사상의 자유, 양심의 자유 등으로 개념화한다. 그리고 20세기에 오면 이사야 벌린(I. Berlin)은 소극적 자유/적극적 자유라는 이분법으로 자유의 개념을 확장한다. 자유 개념의 역사적 변천에 대해서는 자유주의 정치철학을 강의하는 자리에서 보다 상세히 다루도록 하자.

세 번째는 정치적인 삶이다. 이것은 타인과 나의 관계 설정에 따라 행복이 결정된다는 생각이다. 이것이 아리스토텔레스 윤리학의 출발점이며, 정치학의 기본 토대가 된다. 그에 따르면 "인간의 자족적인 행복은 고립된 생활을 하고 있는 사람이 얻을 수 있는 것이 아니다. 내 가족과 주변 사람들, 그리고 친구와 동포들을 위해서 함께 할 수 있을 때 진정한 행복이 달성된다. 왜냐하면 인간은 본래 사회적인 존재로 태어났기 때문이다. 여기서 유명한 아리스토텔레스의 정치적 명제가 등장한다. 즉 인간은 사회적 존재라는 말이다. 이 말은 인간이 다른 사람과의 관계 속에서만 행복해질 수 있으며, 이것은 곧 공동체(국가)가 인간 본성으로부터 유래한다는

것이다.[7]

2절 | 정의란 무엇인가?

그렇다면 정의란 무엇인가? 왜 정의가 필요한가? 그 대답은 인간의 덕성과 중용에서부터 자연스럽게 도출된다. 나는 덕성을 갖추고 있으며 실천적 지혜를 토대로 중용의 행동을 실천하는 사람이라고 하자. 그런데 다른 사람이 그렇지 못하면 어떻게 될까? 그렇게 되면 내가 육체적 피해를 볼 수 있고, 경제적 손해를 받게 될 수도 있다. 이러한 피해와 손해를 바로 잡아 주는 원칙이 바로 정의이다. 『니코마코스 윤리학』에서 5권은 정의론에 관련된 부분이다. 또 마르크스가 『자본론』에서 가치론을 설명하면서 아리스토텔레스의 산술적 정의를 비판하는 지점이다. 그리고 현대 미국 정치철학에서 마이클 샌들이 롤즈의 경제적 정의론 비판하면서 자신의

7 이 점은 자유주의 정치철학과 극명하게 대립된다. 개인은 자연상태에서 존재할 수 있으나, 생명과 재산의 위협 때문에 사회계약에 의해서 인위적으로 국가를 만들었다고 주장하는 것이 자유주의이기 때문이다. 나중에 자유주의 정치철학을 논의하면서 홉스의 국가론을 설명할 때 아리스토텔레스의 국가론과 다시 한번 비교하도록 하자.

철학적 근거를 수용하는 지점이기도 하다.

우선 아리스토텔레스는 정의란 완전한 덕이라고 규정한다. 이것은 정의가 인간의 본성으로부터 유래되는 특성이라는 점을 다시 한번 밝힌 것이다. 그리고 이어서 정의란 이웃과의 관계에서 성립된다고 말하고 있다. 즉 나와 다른 사람과의 관계에서 완전한 덕을 추구하는 것이 정의이다. 따라서 정의롭다는 말은 건강, 부, 명예 같은 것을 포함한다. 그 이유는 사람 관계에서 드러나는 삶의 모습이 다양하기 때문이다. 그리고 정의란 옳은 생각과 행동에 관련되어 있으며, 법을 따르는 것이라고 할 수 있다. 왜냐하면 법을 따르는 사람은 옳은 행동을 하는 사람이며 공동체의 행복을 보전하는 행위를 하는 사람이기 때문이다.

5권 2장의 말미에서는 정의의 종류를 크게 두 가지로 구분한다. 첫째는 금전이나 명예 따위의 분배에 관련되며, 둘째는 사람과 사람의 상호교섭에 있어서 잘못된 것을 시정하는 것과 관련된다. 전자를 분배적 정의라고 부를 수 있고, 후자를 산술적 정의라고 부를 수 있다. 이것은 또한 시정적 정의(=교정적 정의)라고 해석할 수도 있다. 이 두 가지 정의론이 아리스토텔레스 정의론의 핵심이다.

우선 분배적 정의부터 살펴보자. 일단 균등함이 옮음이며, 균등한 것은 중간이다. 여기에는 두 개의 사물과 두 명의 사람이 전제된다. 즉 옮음을 논하기 위해서는 4개의 항이 필요하다. 즉 두 명의 당사자와 두 개의 사물이다. 여기에 균등함이 있어야 한다. 다시 말해 사람들 사이에 있는 균등함이 사물 사이에서도 나타나야 한다. 균등하지 않은 사람들은 균등한 것을 취해서는 안 된다. 그렇게 되면 분쟁이 생긴다. 이 대목에서 아리스토텔레스는 획기적인 제안을 한다. 균등하지 않은 사람은 균등하지 않게 물건을 배분해야 하는데, 그 방법이 "공적 내지 가치에 따라" 다르게 배분하는 것이다. 물론 그 가치가 무엇인가에 대해서는 또 다른 논의가 필요하다. 그는 이 점을 분명히 하면서 다음과 같은 기준을 제시한다.

> "민주주의는 그것을 자유민의 신분이라고 하고, 과두 정치를 지지하는 사람들은 그것을 부(혹은 높은 문벌)라고 하고, 귀족정치를 지지하는 사람들은 그것을 덕이라고 하고 있다."(1131a)

위의 인용문이 의미하는 것은 가치에 따른 분배는 정치제도나 이념에 따라 다르게 나타난다는 것이다. 사실 아리스토텔레스의 분배적 정의는 분명하지 않고 충분하지도 않다. 그의 텍스트 여러 곳에서 암시적으로 분배적 정의를 어떻게 적용할까를 두고 논쟁적인 예를 들고 있을 뿐이다. 대표적인 경우가 전쟁에 나가 전공을 세운 사람이 둘 있는데, 한 사람은 농부이고, 한 사람은 군인이었다면, 이 두 사람에게 어떻게 전과를 나누는 것이 정의로운 것일까라는 질문을 던지는 수준이다. 그야말로 이러한 질문에 대한 대답은 사람마다, 시대마다, 그때그때 달라질 수밖에 없다.

이러한 이유로 근대 자유주의 정치철학에서는 분배적 정의를 반대하고 산술적인 정의만을 사회적 정의로 간주하려는 경향이 생겨난다. 예를 들어 홉스는 『리바이어던』 15장 "교환적 정의와 분배적 정의"라는 소절에서 행위의 정의를 교환적인 것과 분배적인 것으로 나누고 있다. 전자는 산술적 비례에 의해서, 후자는 기하학적 비례에 의해서 결정된다. 한편 분배적 정의는 재정권을 가진 자의 정의라고 말한다. 즉 이것은 무엇이 옳은가를 결정하는 행위이다. 그의 생각을 유추해 보면 정당한 분배는 형평을 의미하는 것인데, 이것을 정치적으로 결정하는 기준은 매우 모호하다는 것이다. 그런데 계약된 사물의 모든 가치는 계약자의 욕구에 의해 측정된다. 정당한 가치는 그들을 만족시켜 주는 것이다. 그러면서 교환적 정의의 예로서 매매, 임대차, 대차, 교환, 거래와 기타 거래행위를 거론한다. 이 논의를 현대적 관점에서 확대해석하면, 정치적 의미의 분배적 정의는 일종의 은혜나 시혜에 속하는 것임으로 그 기준이 분명하지 않기 때문에 반대하고, 오로지 계약에 의해서 성립된 산술적 정의만을 사회적 정의로 간주하겠다는 뜻이다. 이것이 이후 로크, 벤담 등으로 이어지는 공리주의 정치철학의 기초가 된다.

반대로 현대의 정치철학자 마이클 샌들은 아리스토텔레스의 분배적 정의의 개념을 문화적으로 수용하여 공동체적 관점을 만들어낸다. 마이클 샌들의 철학적 입장은 바로 자유주의 정치사상과 공리주의를 비판하는 관점에서 출발한다. 즉 사회적 분배는 개인을 위해 계약을 체결한다는 기준으로 충족될 수 없다. 예를 들어 『정의란 무엇인가』 1부 3장에서 샌들은 자유지상주의 대표적인 학자로서 벤담과 노직을 거론하고 그들의 논리를 비판한다. 여기에서 핵심 주장은 개인의 효용만족과 그를 위한 계약의 성립이라는 것도 사회적 풍속과 규범에 맞아야 한다는 것이다. 극단적인 예로 "합의하여 이루어진 식인행위"에 대해서 논의한다. 자신을 죽여 식인할 사람을 모집하고, 그에 대한 계약서까지 작성한 후, 살인과 식인 행위가 있었다고 할 때 이것은 자유로운 자신의 의사 표현이고, 자신의 육체를 자신의 의지대로 처리한 것인가? 샌들의 대답은 그렇지 않다는 것이다. 비록 그것이 상호합의와 효용의 극대화를 위해 이루어진 행위일지라도 사회적 풍속에 어긋나고 있기 때문에 처벌을 받아야 한다. 이처럼 아리스토텔레스의 분배적 정의에 대한 개념과 그 수용은 현대정치철학에서 대단히 중요한 쟁점이 되고 있다.

그렇다면 산술적 정의는 무엇인가? 이 개념은 향후 자유주의 정치철학에서 형평과 착취를 결정하는 데 매우 중요한 개념이다. 우선 아리스토텔레스는 산술적 정의를 비례라고 설명한다. 그리고 비례는 비와 비의 균등성이며, 여기에는 네 개의 항이 등장한다. 즉 사람과 사람 사이, 그리고 사물과 사물 사이가 그것이다. 그래서 A와 B에 대한 관계는 C와 D에 대한 관계와 같다. 또 치환하면 A항과 B항에 대한 관계는 B항과 D항에 대한 관계와 같은 것이다. 이것을 풀어 설명하면서 A:B=C:D라고 표현할 수 있을 것이다. 또 "치환한다면"이라는 표현은 수식으로 A:B=C:D=A+C:B+D라고 적을 수도 있는데, 수학 공식에 익숙한 사람이면 이러한 해설도 유용할 것으로 보인다.

여기서 아리스토텔레스는 비례를 깨트리는 것이 부정이며, 비례를 지키는 것이 산술적 정의라고 말한다. 즉 부정이란 너무 많은 것을 취득하는 것이며, 부정을 당하는 사람은 적은 선을 취하는 것이다. 따라서 시정적 정의란 비례가 깨졌을 때 그것을 회복하는 과정이다. 많이 취한 사람으로부터 부당하게 분배된 것을 가져와 적게 취한 사람에게 돌려주는 것이 시정적 정의이다. 그래서 이것은 이득과 손실의 중간일 수밖에 없다. 이런 점을 보다 구체적으로 설명하기 위해서 그는 집을 짓는 사람(A), 제화공(B), 집(C) 그리고 구두(D)를 예로 제시한다(1133a 5). 집과 구두를 어떻게 교환하는 것이 균등하고 비례적일까? 이 문제를 해결하기 위해서 아리스토텔레스는 돈을 매개로 제시한다. 왜냐하면 교환은 어떤 방식으로든 비교가 가능해야 하는데, 이를 위해서 생긴 것이 돈이기 때문이다. 그래서 몇 켤레의 신발이 집 한 채에 맞먹는가를 계량할 수 있게 된다. 즉 집 한 채와 교환할 수 있는 신발의 수는 집 짓는 사람과 제화공의 비에 대응하는 것이다. 이렇게 공통적으로 비교할 수 있는 기준이 없다면 교환 자체는 물론 비례도 성립되지 않기 때문이다. 아리스토텔레스는 돈을 다음과 같이 정의 내리고 있다

> "그리고 이 때문에 그것이 돈(노미스마)이란 명칭을 가지고 있는 것이다. 이것은 돈이란 것이 자연에 의하여 저절로 생긴 게 아니고, 법(노모스)에 의하여 인위적으로 생긴 것이요, 또 우리 힘으로 변경시킬 수도, 소용없게 할 수도 있는 것이기 때문이다. 그러므로 농부와

제화공의 경우, 이들이 교환하는 소산이 균등하게 되었을 때 그 거래는 서로 더하고 덜함이 없는 보상적인 것이 될 것이다. 물론 우리는, 교환이 끝난 직후에 비례가 어떻게 되었는가를 따져 볼 것이 아니라, 교환에 앞서 비례가 잘 되도록 생각해야 한다."(1133a 30)

이러한 이유로 모든 물품에는 가격을 정해 놓아야 한다. 그래야만 교환이 가능하고 사람과 사람 사이에 공동관계가 성립할 수 있다. 돈은 하나의 척도의 역할을 하며 물품의 단위를 동일한 단위로 나타내 준다. 이러한 맥락에서 위에서 제기한 문제를 우리는 비로소 해결할 수 있다. 집 한 채와 신발은 몇 켤레가 교환되어야 하는가? 집 한 채의 가격이 100이고 신발 한 켤레의 가격이 10이라고 한다면 집 한 채와 신발 10켤레가 교환되어야 한다.

그렇다면 공평함은 균등한 것으로 충분한가? 더구나 인간 간의 관계가 정의로움의 핵심 내용이라고 했는데, 법적인 비례와 균등만으로 정의로운 인간관계가 성립할 수 있는가? 아리스토텔레스에게 정의로움은 법적인 균등과 더불어 인간애의 균등함이 동시에 충족될 때에 비로소 달성된다. 그렇다면 인간애의 균등함이 무슨 뜻인가? 이것은 우정의 개념으로 요약될 수 있으며, 8권과 9권의 주제이다. 친애란 덕의 하나이며, 재물이나 지위도 친애가 없다면 남에게 덕을 끼칠 수 있는 기회가 없다. 풀어 말하자면 친애(우정)가 없다면 인간관계는 온전한 덕으로 이루어진 것이 아니라는 뜻이다. 즉 사회적인 정의는 법적인 것과 더불어 인간애(우정)가 공존해야만 비로소 달성된다.

한편 친구를 만나는 것은 두 가지 이유가 있기 때문이다. 첫째는 유용성이다. 즉 만나면 재미있고, 그가 나에게 이로움을 주는 경우이다. 그러나 이러한 우정은 오래가지 못한다. 더구나 충분한 우정이 아니라는 것이 아리스토텔레스의 충고이다. 왜냐하면 유용성의 이로움은 쉽게 사라지며, 그렇게 되면 우정관계는 금방 시들어지기 때문이다. 둘째는 완전한 덕으로서 서로 닮은 사람들이 만나는 우정이다. 이것은 선한 덕을 가진 사람이 상대에게 좋은 것을 바라며 덕을 베풀고 그것을 다시 돌려받는 형식의 우정이다. 이런 우정은 호혜성을 바탕으로 이루어진다. 서로 비슷한 사람이 서로에게 덕을 베풀기 때문이다.

> "친애와 정의는 동일한 것들에 관계하며, 또 동일한 사람들에게서 볼 수 있는 것 같다. 어느 공동체 속에나 어떤 형태의 정의와 친애가 있는 것으로 생각되기 때문이다."(『니코마코스 윤리학』, 1159b 25)

이러한 우정관계를 통해서 아리스토텔레스는 국가공동체가 눈앞의 이익을 구하는 것이 아니라 서로에게 덕을 베푸는 공동체가 되어야 한다고 주장한다. 그것이 정의로움이 구현되는 사회이다. 8권 10장에서는 군주제를 부친적 지배, 노예적 지배를 참주제, 귀족제를 부부의 공동체 등등으로 비유하는 장면이 나온다. 즉 군주가 아버지처럼 애정을 가지고 국민을 통치하는 것은 마치 아버지가 아들을 대하는 것과 같다는 의미이다. 이럴 때 1인의 군주가 통치하는 정치가 제대로 작동하면서 정의로운 사회를 만들어 낼 수 있다. 그런데 만일 법적인 정의로움은 실현되지만 인간적인 관계가 발현되지 못한 채 군주가 폭군이 된다면 어떻게 되는가? 그것은 참주제이다. 귀족제 역시 마찬가지이다. 아리스토텔레스는 부부관계를 과두제와 비유하고 있는데, 남편이 부인에게 일정한 권한을 주고 부인의 존재를 인정한다면 정의로운 귀족제가 실현되겠지만, 그렇지 않고 군림하려고 한다면 폭력적인 과두제로 전락하고 만다고 경고한다.

이렇듯 정의는 형식적인 법과 인간적 덕이 동시에 발현되어야 한다. 군주제, 과두제, 민주제는 『정치학』 3권에서도 자세히 언급되는데, 거기서도 바람직한 정치제도는 우정관계와 같다고 지적한다. 정치학 3권에서는 바람직한 정치제도와 바람직한 정치인의 통치술을 두고 어느 쪽이 더 필요한가를 논의한다. 그러면서 아리스토텔레스는 정치제도와 정치인의 덕목이 동시에 필요하다고 결론내리고 있다. 이것은 『니코마코스 윤리학』에서 사회적 정의가 법형식과 인간적 우애가 동시에 발현될 때 비로소 달성된다는 결론과 유사하다.

> "국가를 구성하는 것은 가정들과 부족들이 좋은 생활을 하도록 즉 완전하고 자족적인 생존을 이룩하도록 하기 위한 결사인 것이다. 그러나 사람들이 같은 장소에서 거주하며 서로 상호 간에 결혼을 하

지 않으면 이러한 최종 단계에 도달할 수는 없는 것이다. 이러한 이유로 여러 공동사회의 생활을 위한 제도들이- 즉 결혼관계, 친적집단들, 종교적인 집단들, 그리고 일반적인 사회적 오락 등- 국가에 생겨나게 된다. 그러나 이 제도들은 우정관계이며, 그것은 공동사회의 생활을 추구하는 데 있어서 존재하는 우정이다. 도시국가의 목표와 목적은 좋은 생활이다. 그리고 사회생활의 제도들은 그 목적에 대한 수단이다."(1281a)[8]

8 아리스토텔레스, 나종일 역, 『정치학』, 1995, 삼성출판사.

2장 | 아리스토텔레스에 반대하는 철학

지금까지 우리는 『니코마코스 윤리학』을 중심으로 하여 아리스토텔레스 사상의 핵심을 간략히 살펴보았다. 그런데 이러한 정치사상은 근대 이후 찬반논쟁을 일으킨다. 아래서는 아리스토텔레스의 사상적 영향에 반대하는 학자들의 입장을 간략하게 정리하고자 한다.

1절 | 칸트의 형이상학

칸트는 순수이성의 개념을 토대로 아리스토텔레스 덕의 개념을 비판하는데, 이것은 근대와 고대의 인식론의 차이를 대조하는 중요한 쟁점이다. 그렇다면 도대체 칸트는 어떤 점을 비판했을까? 『윤리형이상학의 기초』에서 칸트는 인간의 도덕적 기초는 습관이 아니라 순수이성에 근거해야 한다고 말한다. 또 『윤리형이상학』 서론 부분에서 그는 아리스토텔레스의 덕이 경향성에 불과하기 때문에 윤리의 기초가 될 수 없다고 주장한다. 덕이라는 개념은 상황에 따라, 개인의 경험에 따라 달라지는 것임으로 통일적이고 보편적인 법칙이 될 수 없다는 것이다. 그리고 그 대안으로 칸트는 순수 실천이성이 인간의 심의에 미치는 영향을 파악하고자 한다. 즉 도덕 법칙의 객관적인 주관성을 찾아보려는 것이다. 예를 들어 도로에 누워 있는 노숙자를 보았을 때 측은한 마음이 생겨 돈을 적선하는 행위가 과연 윤리적인가? 이 질문에 아리스토텔레스와 칸트의 입장은 극명하게 대립된다. 우선 아리스토텔레스는 일정한 행위의 반복을 통해서 사회적 윤리로 자리 잡았을 때 그 행동은 윤리적인 것이라고 생각한다. 반면 칸트는 노숙자에 던지는 적선은 사람의 경험에 따라 달라지기 때문에 윤리적 행동이 될 수 없다고 판단한다. 노숙자가 없는 거리에 살았던 사람은 노숙자를 처음부터 마주칠 일이 없고, 따라서 그러한 행동 자체가 반복적으로 나타날 계기가 없기 때문이다. 그러므로 보편적인 행위 준거의 틀이 아니다. 그러니까 윤리학은 인간의 본성이나 인간이 놓여 있는 세계내의 정황이 아니라 순수이성의 개념들 안에서만 선험적으로 찾아야 한다.

> "덕이 취득되어야만 한다는 것은, 경험에 의한 인간학적인 지식에 의거할 필요도 없이, 덕의 그 개념에 이미 함축되어 있다. 왜냐하면 인간의 윤리적 능력은, 만약 그것이 강력하게 맞서 있는 경향성들과의 싸움에서 결의의 강함을 통해 만들어 내지지 않는다면 덕일 수 없을 것이기 때문이다. 덕은, 순수 실천이성의 산물인데, 이 순수 실천이성이 (자유로 인한) 우월성의 의식과 함께 저 경향성들에 대한 지배권을 획득하는 한에서, 순수 실천이성의 산물이다."[9]

9 칸트, 『윤리형이상학』, 대우학술총서, 2015, 593쪽.

"무릇 윤리 형이상학은 가능한 순수의지의 이념과 원리들을 연구해야 하는 것으로, 인간의 의욕 일반의 작용들과 조건들을 연구해야 하는 것이 아니다."[10]

여기서 한발 더 나아가 칸트는 나와 타인에 대한 판단이 지속될 때 이성의 법칙이 성립한다고 주장한다. 즉 행위에 대한 부단한 판단만이 도덕원칙을 만들어 낼 수 있다. 여기서 그는 도덕원칙에 대한 인간의 관심을 강조한다. 그래서 인식능력만이 윤리의 원천이라고 말한다. 더구나 쾌락과 호불호마저도 사물에 대한 합목적성을 발견하는 이성적 능력과 밀접하게 연관되어 있으니, 어린아이를 교육할 때도 이성적 판단을 즐겁게 할 수 있도록 가르쳐야 한다. 사실 이것은 아리스토텔레스의 감정적 판단과 사뭇 다르다. 『니코마코스 윤리학』 2권과 3장에서 쾌와 불쾌를 설명할 때 아리스토텔레스는 행동 자체가 주는 감정적 느낌을 강조한 바 있다. 그런데 칸트는 '행동 자체'가 아니라 '행동에 대한 판단'이 감정과 연결되어 있다고 주장하는 것이다. 또 아리스토텔레스는 『정치학』의 7권과 8권에서 청소년의 교육에서 음악과 체육의 중요성을 강조하면서, 교육의 목표는 정서의 안정과 함양에 있다고 말한 바 있다. 그런데

10 칸트, 백종현 역, 『윤리형이상학의 기초』, 대우학술총서, 72쪽.

칸트는 이러한 정서교육의 내용도 궁극적으로는 이성적 판단능력을 함양하는 것으로 모아져야 한다고 주장한다. 왜냐하면 정서적 안정과 만족이라는 것도 결국 이성적 판단에 의해서 가능해지기 때문이다. 이렇게 놓고 보면 윤리의 기초를 정서적 습관으로 볼 것인가, 혹은 이성적 판단능력으로 볼 것인가에 따라 두 학자의 입장이 선명하게 대립되는 것이다.

칸트의 『교육학 강의』에 보면 교육의 단계를 나누면서 양육의 단계, 훈육의 단계, 도덕의 단계를 구분한다. 양육과 훈육은 육체적이고 감정적인 것에 대한 것이며, 도덕의 단계는 이성적 존재로서 사회적 통합을 위한 것이다. 전자에서는 어린아이들의 욕망과 감정이 쾌락에 빠지지 않도록 몸을 훈련시키며, 후자에서는 이성적 판단력을 고양시켜 성숙한 삶을 영위할 수 있도록 지성을 훈련시키는 것이 목표이다. 그래서 연령별로 양육과 훈육이 10대와 20대에 이루어진다면, 도덕적 훈련은 40대 이후에 이루어진다. 이렇게 단계를 나눌 수 있는 이유는 인간의 인식능력이 감각능력과 이성능력으로 구분되어 있다고 생각하기 때문이다

> "어린아이는 아동기의 전 단계에서 순종과 적극적 복종을 배워야 한다. 이후에 아동기의 후 단계에서 부모들은 어린아이가 스스로 생각하는 것을 허용해야 할 뿐만 아니라, 또한 일정한 행위 법칙들에 따라서 자기의 자유를 향유하는 것을 허용해야 한다. 어린아이가 자기의 자유를 향유할 수 있음에 불구하고, 어린아이는 여전히

일정한 행위규칙들을 따라야 한다. 어른들은 어린아이의 행위에 대하여 아동기의 전 단계에서는 기계적 규제를 가할 수 있으며, 아동기의 후 단계에서는 도덕적 규제를 가할 수 있다."[11]

결국 칸트의 생각에 비추어 보면 도덕적 교육이란 마음의 변화를 일으키는 것이다. 그리고 이것은 처벌로서는 가르칠 수 없는 신성하고 숭고한 내용을 포함한다. 이것을 교육의 마지막 단계인 덕화(cultivation)라고 부른다, 즉 훈육이 습관을 형성하는 외면적인 행위에 주목한다면, 덕화는 내면적인 사고방식의 변화를 유도한다. 이러한 순서를 인정한다면 칸트가 말하는 참된 덕성은 단지 습관적으로 옳게 행동하는 것이 아니다. 오직 그러한 행동이 "옳기 때문에" 그 행동을 한다는 각성이 수반될 때 비로소 도덕적 토대가 마련된다. 따라서 연습이나 훈육만으로는 도덕적 가치를 얻지 못한다. 칸트의 용어를 빌어 표현한다면 "도덕적 법칙에 대한 존경에 따른 필연성"에서 나오는 의무감에서 행위할 때만 그의 행동은 도덕적으로 선한 것이다.

한편 덕의 원리를 가르치는 방법으로 칸트는 도덕적 문답법을 추천한다. 즉 교사가 학생에게 도덕적 내용을 담은 질문을 하고 학

11 칸트, 『칸트의 교육학 강의』, 철학과 현실사, 2007, 109쪽.

생이 여기에 대답하는 방식으로 수업을 진행하면서, 학생 스스로가 도덕적 각성을 얻게 되는 방식을 제안한다. 문답법을 강조하는 이유는 학생들에게 자율적으로 덕의 의미를 생각하고, 행동의 동기로 작용하도록 하기 위함이다. 그러면서 칸트는 『윤리형이상학』의 마지막 부분 "윤리학적 방법론"이라는 절에서[12] 도덕적 문답법의 구체적인 예를 나열하고 있다. 그 내용을 살펴보면, 학생들에게 개념적인 상황을 질문하고, 학생 스스로가 자신의 의지를 표현함으로써 행동의 방향성을 자각하도록 유도한다. 또 현실에서 나타날 수 있는 난감한 사례를 제시한 후 이것을 어떻게 해결할 것인가를 생각하도록 만든다. 이것은 학생들로 하여금 자신의 이성적 판단력을 사용하고, 새로운 인식의 지평을 넓혀 가도록 만드는 방법에 해당한다.

그런데 흥미로운 의문이 생긴다. 칸트가 제시한 문답법이라는 것도 결국 이성적 판단력을 고양시키기 위한 습관이 아닌가? 끊임없이 질문하고, 생각하면서 건전한 판단력을 키우는 것이나(칸트), 올바른 감정상태를 유지하기 위해서 숙고적 욕구를 찾아가는 과정(아리스토텔레스)이 결국 동전의 앞뒷면처럼 같은 것의 다른 면이 아닐까? 따라서 아리스토텔레스가 주장하는 좋은 습관(Arete)은 무의

12 칸트, 『윤리형이상학』, 철학과 현실사, 2007, 597-603쪽.

식적 행동이 아니라 적절한 행동을 고민하는 중용적 태도이며, 이것은 결국 이성적 판단을 포함하고 있다고 볼 수 있다. 그럼 아리스토텔레스와 칸트는 뭐가 다른가?

그러나 습관과 이성적 판단이라는 대립은 현대정치철학에 영향을 주고 있다. 예를 들어 전자를 추종하는 현대의 사상가로 맥킨타이어와 마이클 샌들을 꼽는다면, 후자를 추종하는 사상가로는 존 롤스를 꼽을 수 있다. 이것이 오늘날 미국 정치사상의 핵심이라고 할 수 있는 공동체주의와 자유주의 기본적인 대립구도이다. 따라서 아리스토텔레스와 칸트를 정확히 이해하는 것은 현대의 윤리철학을 평가하는 데 대단히 중요한 기초가 된다. 예를 들면 롤즈의 경우 사회정의의 철학적 토대를 마련하기 위해 원초적 입장과 무지의 베일이라는 개념을 제시한다. 이 두 가지 개념은 모든 사람들이 받아들일 수 있는 전제에 해당하는 것인데, 그 내용은 어느 누구도 원칙들을 선택함에 있어서 타고난 운수나 사회적 여건 때문에 유리하거나 불리해서는 안된다는 것이다. 그리고 이 점을 모든 사람들이 일반적으로 타당한 원칙으로 인정할 것이라는 전제이다.[13] 원초적 입장을 받아들이는 이유는 사회구성원들이 합리적 판단을 내릴 수 있는 능력이 있다고 생각하기 때문이다. 원초적 입장과 합

13 롤즈, 『사회정의론』, 이학사, 2016, 54쪽.

리적 판단 능력은 바로 칸트의 이성능력에 대한 현대판 버전이다. 그래서 롤즈는 다음과 같이 주장한다.

> "정의의 원칙은 그것이 사회의 기본 구조 속에 실현될 경우 사람들이 그에 해당하는 정의를 갖고자 하고, 그 원칙에 따라 행동하고자 하는 욕구를 개발하는 그런 것임에 틀림없다. 이 경우 정의감은 안정된 것이다. 이런 유의 일반적인 지식은 원초적 입장 속에 용납할 수 있을 것이다."[14]

롤즈가 사회적 불평등을 해결하기 위해서 채용한 "무지의 베일"이라는 개념은 결국 칸트적 인간관의 현대적 변용이라고 할 수 있다. 그런데 이러한 롤즈의 사회정의론에 비판을 가하는 공동체주의들은 이 점을 공격하면서, 그 대안으로 아리스토텔레스적 인간관을 제시한다. 즉 덕의 개념을 강조하는 것이다. 이에 대한 논의는 현대의 아리스토텔레스 주의자들이라는 절에서 다루도록 하자.

14 롤즈, 『사회정의론』, 이학사, 2016, 197쪽.

2절 | 마르크스의 가치론

마르크스는 『자본론』 1권 1장에서 상품의 가치를 교환가치와 사용가치로 구분한다. 이 구분을 통해서 마르크스는 아리스토텔레스가 주장했던 화폐에 대한 기능을 통렬하게 비판한다. 그리고 산술적 분배가 가지는 공평성의 논리가 자본주의 사회에서 어떻게 왜곡되는지를 자세히 설명하고 있다. 그 내용을 자세히 살펴보자.

마르크스에 따르면 사용가치는 부의 소재적 내용을 가리킨다. 여기서 '소재적'이라는 말은 사물의 쓰임새를 말한다. 예컨대 옷감의 소재적 내용은 체온을 보호하는 것이며, 물은 인간에게 수분을 보충하여 생명을 보존시키는 기능을 가진다. 이것을 두고 상품의 본질적 기능이라고 부를 수도 있겠다. 한편 교환가치는 물건의 양적 관계, 즉 어떤 종류의 사용가치가 다른 사용가치와 교환되는 비율로서 나타난다. 그런데 마르크스에 따르면, 이러한 비율은 시간과 장소에 따라 끊임없이 변동한다. 그래서 그는 상품 자체에 고유한 내재적 교환가치는 형용모순이라고 비판한다.

말이 어렵다고 생각했는지 이어지는 문단에서 마르크스는 이 문제를 보다 섬세하게 설명하기 시작한다. 그는 밀과 철이 일정한 비율로 교환되는 예를 제시한다. "1쿼터의 밀=X킬로그램의 철"이라는 등식은 무엇을 의미하나? 이것은 양자에게 공통된 무언가가 동일 양이 들어 있다는 뜻이다. 그리고 이것은 제3자의 물건과 동등해야 하며, 제3자와 환원될 수도 있어야 한다. 즉 공통된 무엇인가가 바로 교환가치이다. 그런데 이러한 교환가치는 상품의 사용가치를 사상시켜 버린다. 다시 말해 사용가치는 상품의 질적인 내용을 가리키는 것이지만, 교환가치는 오직 양적인 차이로 나타나기 때문에, 교환가치의 양 속에는 사용가치가 조금도 포함되어 있지 않다. 교환가치에 남아 있는 것은 오로지 노동 생산성뿐이다. 그런데 이것은 구체적인 노동의 성질이 아니다. 즉 가구공이 만든 가구, 벽돌공이 만든 벽돌과 같이 구체적이고 질적인 내용을 포함한 노동의 결과물이 아니다. 그리하여 노동의 질적 성격은 사라지고, 노동의 유용한 성질도 없어지며, 노동의 구체적인 형태도 사상된다. 남는 것은 오로지 추상적 인간노동뿐이다.

이것이 바로 마르크스가 자본주의 임금노동을 비판하는 핵심 내용이다. 쉽게 예를 들어 보자. 중세에는 가구를 만드는 사람을 장인이라고 불렀고, 그가 만든 책상이나 탁자는 하나의 예술품으로 간주되었다. 따라서 하나의 책상, 하나의 탁자는 오랜 세월 축적된 장인의 기술이 투여된 생산물이며, 이것의 가치는 물건을 사는 사람마다 다르게 책정되었다. 즉 장인의 질적 노동을 평가하는 방식에 따라서, 물건값은 구입하는 사람마다 다르게 지불되었다. 그런데 자본주의 시대에 들어와 물건값은 추상적 노동력에 의해서 측정된다. 좀 더 간략하게 말하자면, 노동/시간에 의해서 물건의 가격이 결정된다는 뜻이다. 그러니 여기서 노동의 질은 전혀 고려되지 않는 것이 당연하다. 상황이 이러다 보니 물건을 만드는 노동자도 상품의 질을 고려하지 않고 일을 하는 것은 당연하다. 이러한 현상을 두고 마르크스는 '죽은 노동이 산노동을 지배한다'고 말하기도 했다. 결론적으로 모든 상품은 응고된 노동시간에 불과하다.

> "사용가치 또는 유용한 물건이 가치를 가지는 것은 다만 거기에 추상적 인간노동이 체현되어 있거나 추상화되어 있기 때문이다. 그러면 그 가치의 크기는 어떻게 측정되는가? 그 물건에 들어 있는 가치를 형성하는 실체인 노동의 양에 의해서 측정된다. 노동의 양은 노동의 지속시간으로 측정되고, 노동시간은 시간, 일, 주 등을 기준으로 측정된다."[15]

따라서 동일한 노동량은 동일한 가치량을 의미한다. 본질적으로는(=내용적으로는) 노동이란 상품의 사용가치와 관련해서 질적으로 고려되어야 하지만, 현실적으로는(=실제로는) 가치는 노동의 양으로만 결정된다. 사용가치의 기준에서 보면 중요한 사항은 다음과 같은 질문이다. 즉 노동이 어떻게 이루어지는가?, 무엇을 생산하는가? 그런데 가치량의 기준에서 보면 이러한 질문들은 중요하지 않다. 오직 노동력이 얼마나 지출되었는가에만 관심이 집중된다. 노동시간만이 중요한 것이다. 그래서 마르크스는 이후에 전개

15 마르크스, 김수행 역, 『자본론』 1권(상권), 비봉출판사, 1992, 48쪽.

되는 논리에서 아마포와 저고리라는 두 개의 상품을 등가의 형태로 표현하는 방식을 면밀하게 설명한다. 요약하자면 아마포는 자신의 가치를 자기와는 다른 종류의 상품인 저고리의 사용가치로 표현함으로 상품 A(아마포)와 상품 B(저고리)의 등가형태로 교환될 수 있다. 그런데 아마포의 존재가치는 저고리라는 전혀 다른 속성으로 표현되고 있음으로, 아마포와 저고리의 등가형태는 이미 사회적 관계를 포함한다. 그러나 사물의 본질적인 가치는 자신의 본질적인 속성으로 표현되는 것이 정상이다. 예를 들어 아마포는 체온을 보존한다거나 중량이 무겁다라는 식의 표현방식이다. 그런데 아마포와 저고리가 서로 동일한 등가형태로 표현되는 과정을 통해서 모든 상품의 본질적 속성 (= 사용가치)은 사상되고, 노동의 추상적 속성만이 교환의 기준이 되는 것이다.

바로 이 지점에서 아리스토텔레스가 비판의 초점이 된다. 마르크스는 그의 저작에서 침대와 가옥의 교환에 대해서 논의한 바 있다(『니코마코스의 윤리학』 5권에서는 구두와 침대의 교환이 예로 등장했다). 즉 침대와 가옥이 교환될 수 있다는 것은 동일성을 전제로 하는 것인데, 마르크스가 보기에 아리스토텔레스는 가치형태에 대한 고려를 전혀 하지 않았다는 것이다. 다시 말해 침대와 가옥이라는 서로 다른 종류의 물건들을 질적으로 동일한 것으로 간주하는 것은 사실 불가능하다. 침대와 가옥이 질적으로 동일하다는 것은 필요를 위한 임시변통일 뿐이다. 결국 사용가치와 교환가치를 구분하지 못했기 때문에 아리스토텔레스의 산술적 배분에 대한 정의는 실패한 것이다.

> "이와 같이 아리스토텔레스는 그로 하여금 더 이상 분석할 수 없게 한 것이 무엇인가를 몸소 우리에게 말하여 주고 있다. 그것은 다름 아닌 가치개념의 결여이다. 이 동일한 것(즉 침대의 가치표현에서 가옥이 침대를 위하여 표현하여 주는 그 공통적인 실체)은 무엇인가? 그러한 것은 '실제로 존재할 수 없다'고 아리스토텔레스는 말한다. 없기는 왜 없어? 가옥이 침대와 가옥 모두에게 있는 실제로 동일한 것을 대표하는 한, 가옥은 침대에 대해서 어떤 동일한 것을 표현하게 된다. 그것이 바로 인간노동이다."[16]

마르크스가 강조하는 핵심 주장은 무엇일까? 인간의 노동이 교환의 기준이 되어야 한다는 것이다. 그런데 화폐가 교환의 기준이 되면서, 자본주의 사회에서는 왜곡이 시작된다.

첫 번째 왜곡은 상품의 물신주의이다. 이 단계에서는 인간의 노동력이 상품의 물적 성격을 표현함으로써 생산자들의 사회적 관계가 등장한다. 이때 상품에 대한 필요는 인간의 본원적인 욕망에서 출발하는 것이 아니다. 진열대 위에 놓여 있는 상품이 마치 인간

16 마르크스, 김수행 역, 『자본론』 1권(상권), 비봉출판사, 1992, 75쪽.

을 불러 세워 애초에는 존재하지도 않았던 상품에 대한 욕망을 불러일으킨다. 즉 상품이 마치 살아 있는 존재처럼 스스로 움직이는 것이나. 그래서 물건을 신처럼 여긴다. 이것이 바로 물신숭배이다. 여기서 인간의 욕망은 자본주의 시스템 안에서 조작되고, 상품에 대한 객체로 전락하고 만다.[17]

두 번째 왜곡은 임금의 물신숭배이다. 상품의 본질이 교환가치에 의해서 측정됨에 따라, 사람들의 경제생활은 모두 화폐의 단위로 측정된다. 이것은 자본가뿐만 아니라 노동자들도 마찬가지이다. 예를 들어 자본가는 공장을 운영하면서 투자비용과 가변비용 그리고 마진율을 염두에 두고 있다. 반면 노동자들은 물건의 가격을 기준으로 집세와 생활비 등을 계산한다. 이런 상황에서 노동자와 자본가가 임금협상을 한다고 예상해 보자. 이때 모든 협상의 내

17 들뢰즈가 『안티 외디푸스』에서 분석하고 있는 욕망의 생성과정은 자본주의 상품분석에서 출발한다. 들뢰즈는 인간욕망의 왜곡이 가족관계에서 유래한다는 프로이트의 오디푸스 콤플렉스를 비판하면서, 욕망은 사회적 관계에서 생성되며, 특히 자본주의 사회의 상품관계가 주체의 욕망을 왜곡하는 중요한 요인이라고 설명한다. 또 라캉의 언어학적 정신분석을 비판하면서 언어적 감옥에 갇혀 있는 욕망의 수동성이 아니라, 욕망의 능동성을 강조한다. 그러면서 사회변동의 가능성을 시사하고 있다. 들뢰즈에 대한 논의는 유튜브의 홍일징, "포스드 모던의 정치철학"에서 강의될 것이며, 이 책의 시리즈 중의 하나로 집필되어 출판될 것이다.

용은 가격(price)에 의해서 결정될 수밖에 없다. 그런데 이런 상황에서는 노동자들이 창출한 잉여가치는 임금의 협상에서 제대로 고려될 수 없다. 이로 인해서 착취가 발생하는 것이다. 이것은 자본가들이 의도해서 생겨나는 과정이 아니다. 왜냐하면 자본가는 잉여가치를 사업 운영에 따른 마진율이라고 간주하기 때문이다. 또 반대로 노동자들도 이러한 착취가 자신의 잉여가치의 소실이라고 인식하지 못한다. 임금협상은 법적인 범위 안에서 이루어졌고, 노동자와 자본가 사이의 자유로운 계약의 결과물이라고 생각할 뿐이다. 그러나 결과는 착취로 나타난다. 즉 제대로 된 임금을 받을 수 없는 것이다. 이것을 두고 임금의 물신숭배 혹은 법의 물신숭배라고 부를 수 있다. 이러한 현상의 근본 원인은 상품의 교환가치가 사용가치보다 우선시 되는 자본주의 사회의 관행 때문이다. 자본주의 교환관계에서는 산술적 정의가 실현될 수 없다. 이것이 마르크스가 주장하는 핵심 내용이다.

세 번째 단계는 유통의 물신숭배이다. 다시 예를 들어 보자. 편의점 가게의 주인이 100개의 우유를 도매가격으로 공급받아 50원의 마진을 붙여 소매가격으로 판매했다고 가정해 보자. 열심히 일하여 100개의 우유를 모두 판매했다면, 편의점 주인은 5000원의 수입을 얻을 수 있을 것이다. 이때 이 5000원은 무언가? 편의점 주인이 만들어 낸 잉여가치인가? 아니다. 편의점 주인은 생산적인 일을 하지 않았다. 잉여가치는 노동의 투입을 통해서 발생하는데, 유통이란 잉여가치를 발생시키는 노동과정이 전혀 없기 때문이다.

그럼에도 불구하고 편의점의 주인이나 소비자들은 5000원이 유통 과정에서 발생한 잉여가치라고 생각한다. 이것이 바로 유통의 물신숭배이다. 그럼 5000원의 근원은 무엇인가? 그것은 공장에서 노동자들이 만들어 낸 잉여가치가 공장주인 자본가에 잉여가치의 착취로서 배분된 것이며, 이것이 다시 전국에 있는 편의점 주인에게 세분되어 나누어진 것에 불과하다.

네 번째 단계는 자본의 물신숭배이다. 예를 들어 보자. 편의점 주인이 여러 가지 물건을 팔아 판매 순수익으로 5백만 원 취득했다고 하자. 그 중에서 150만 원을 은행이나 주식시장에 투자했고, 1년 후 15만 원의 이자 수익을 얻었다고 하자. 이때 15만 원은 무언가? 이것이 잉여가치인가? 그렇지 않다. 150만 원의 돈이 사회자본이나 공장의 인프라를 건설하는 데 투입되고, 거기에 노동력이 투입되어 잉여가치를 만들었다면, 편의점 주인이 투자한 돈은 사회적 잉여를 창출하는 데 기여했다고 말할 수 있다. 그런데 대부분의 투기자본은 사회자본으로 투자되기보다는 단기적인 투자이익을 만들어내는 데 집중되는 것이 보통이다. 이 경우 그 돈은 사회적 자금으로 활용되었다고 보기 어렵다. 이것은 토지나 아파트와 같은 부동산에 투입된 돈이 사회적 잉여가치를 창출하지 못하는 사실을 떠올려 보면 금방 이해할 수 있다. 그럼에도 불구하고 일상의 상식은 편의점 주인이 150만 원을 투자하여 수익을 올린 것을 사회적 잉여로 생각하는 경향이 있다. 이것을 두고 자본의 물신숭배라고 부를 수 있다. 지금까지 설명한 물신성의 4가지 단계를 그림으로 그려 보면 아래와 같다.

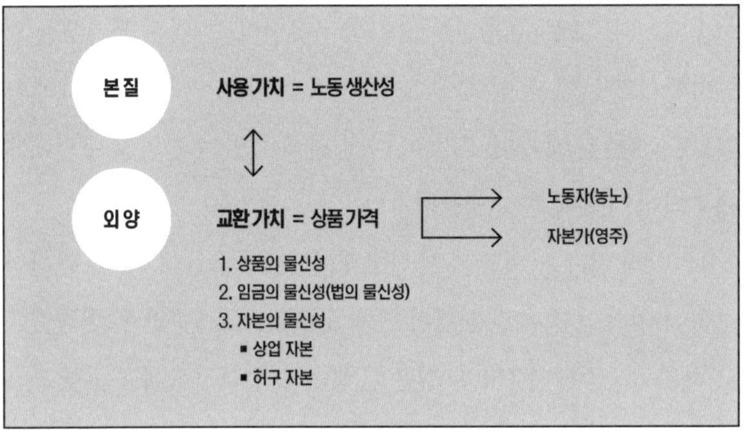

자본론의 정치 경제론

결국 물신숭배의 개념을 통해 마르크스는 자본주의 사회가 교환적 정의를 실현하지 못한다는 점을 밝히고 있다. 그렇다면 분배적 정의는 실현되고 있는가? 분배적 정의가 실현방법은 무엇일까? 마르크스가 생각하는 정의로운 사회는 어떤 모습일까? 우리는 이에 대한 대답을 「고타강령 비판」이라는 팸플릿에서 찾아볼 수 있다. 이 글은 독일 사민당의 강령에 대한 비판의 글로 씌여진 것인데, 여기서 마르크스는 경제적 단계에 따라 두 가지 공동체의 모습을 묘사하고 있다. 첫째는 이른바 사회주의 단계로서 개별 생산자들이 자신이 제공하는 노동력을 정확히 되돌려 받는 사회이다. 이러한 맥락에서 보면 사회주의 단계에는 여전히 상품의 교환관계가 남아 있으며, 노동급부에 대한 비례적인 권리만이 생존한다. 실질적으로 불평등이 완전히 제거되지 않았다. 둘째는 공산주의 단계로서 개인이 분업에 종속하는 상태가 사라진 단계이다. 이 단계에서 개인의 노동력은 능력에 따라 다르게 제공된다고 하더라도, 소비재의 분배는 필요에 따라 분배된다. 따라서 노동에 비례하는 등가교환의 논리가 사라진다. 즉 진정한 평등이 이루어진 사회이다. 필자가 보기에 마르크스가 상정하는 공산주의 사회는 아리스토텔레스가 제안한 분배적 정의가 실현된 사회이다.

한편, 아리스토텔레스가 말하는 분배적 정의는 폴리스 내에서 가정경제에 해당하는 부분이다. 가정경제란 가족 간에 이루어지는 물건의 분배인 만큼 등가교환의 논리가 들어설 자리가 없다. 그것은 가장이 가족에 베푸는 일종의 시혜적인 것이다. 한편 산술적 정의는 가족을 넘어서는 경제단위를 가정한다. 여기서 교환의 주체인 A와 B는 서로가 낯선 타인이다. 타인 간의 관계가 바로 계약관계이고, 등가교환이 정의의 기준이 되는 것이다. 마르크스의 눈에는 분배적 정의에서 산술적 정의로 이행하는 과정이 바로 고대사회에서 근대사회로 이행하는 경제발전의 역사와 같은 것으로 보였을 것이다. 마르크스가 『자본론』에서 분석한 교환가치와 물신숭배의 분석은 가정경제를 벗어난 근대사회(시민사회)의 논리적 모순을 드러낸 것이다. 그리고 그 결론은 자본주의 시민사회에서는 정의가 실현될 수 없다는 것이다. 그런데 「고타강령 비판」에서 대안으로 제시한 공산사회는 다시 가족 경제로 돌아가자는 의미로 읽힌다. 왜냐하면 노동력과 능력의 차이를 넘어서 필요에 따라 소비재를 분배하는 방식은 결국 가족 공동체에서만 가능하기 때문이다. 바로 이러한 점에서 마르크스가 아리스토텔레스의 아류라고 평가하는 학자도 있다.

그렇다면 정의론을 두고 아리스토텔레스와 마르크스의 차이점은 무엇인가? 전자가 분배적 정의와 산술적 정의가 동시에 공존할 수 있는 사회를 기대했다면, 후자는 분배적 정의에 방점을 찍고 있다. 이러한 지적 유산을 가지고 현대사회에서, 특히 한국 사회에서, 정의로운 사회를 어떻게 만들 것인가? 여기에 대답하기 위해서는 아리스토텔레스와 마르크스의 사상적 대결을 깊게 음미해야 할 것이다.

3장 | 아리스토텔레스에 찬성하는 학자들

1절 | 알래스데어 매킨타이어

매킨타이어가 저술한 『덕의 상실』[18]을 보면 아리스토텔레스와 칸트의 대립이 잘 설명되고 있다. 이 책의 부제가 길게 달려 있는데, 매우 의미심장하다. 즉 "도덕적 다원주의 시대에 우리는 어떤 인간이기를 희망하는가?"라는 부제에서 보듯이 매킨타이어는 현대사회에서 도덕적 혼란의 원인이 칸트에 있다고 진단한다. 그리고 대안을 찾기 위해서 아리스토텔레스로 거슬러 올라간다. 다시 말해 칸트가 주장한 계몽의 기획이 지난 3세기 동안 도구적 수단과 목적만을 강조하는 사회를 만들어냈고, 그로 인해서 타인과 공존할 수 있는 사회를 만드는 데 실패했다는 것이다. 매킨타이어에 따르면 현대사회에서 점차 첨예화되는 다문화의 충돌을 극복할 수 있는 길을 모색하는 것이 시급한데, 그 가능성이 바로 아리스토텔레스의 덕이라는 개념 안에 내장되어 있다는 것이다.

매킨타이어는 도덕의 기초를 마련하는 두 가지 방식을 대조하

18 매킨타이어, 『덕의 상실』, 문예출판사, 1997.

면서, 아리스토텔레스와 칸트의 입장을 비교하고 있다. 우선 전자의 경우에 '지금 우연히 존재하고 있는 인간의 본성'과 '자신의 본성을 실현할 수 있는 인간'이라는 두 가지 이미지를 제시한다.[19] 아리스토텔레스에게 윤리란 현실태에서 가능태로의 이행인데, 이것을 매킨타이어가 강조하고 있는 것이다. 그리고 현실태에서 가능태로의 이행은 사람과 사람 사이의 교류에 의해서, 다양한 덕을 쌓아가는 방식에 따라, 다르게 나타난다.[20] 그런데 어느 텍스트에서 아리스토텔레스가 가능태와 현실태라는 개념을 제시했던가? 우선 그 단초가 될만한 부분을 인용해 보자.

19 매킨타이어, 『덕의 상실』, 문예출판사, 1997, 90쪽.

20 이러한 입장은 근대철학에서 스피노자에게 큰 영향을 준다. 스피노자는 『에티카』 3부에서 인간의 감성적 잠재태가 타인과 마주하면서 새로운 현실태로 나타난다고 설명한다. 그리고 사랑과 자유의 감정이 드러나게 만드는 것이 좋은 정치체제이며, 반대로 증오와 시기심 등이 나타나는 경우에는 실패한 정치체제라고 규정한 바 있다. 스피노자는 덕성이 아니라 감정을 통해서 사회적 윤리(=좋은 공동체)를 찾으려 했던 것이다. 스피노자의 사상은 또다시 현대의 포스트 모던 이론가인 들뢰즈에게 연결된다. 들뢰즈는 『천 개의 고원』 8장, 486쪽(2003, 새물결)에서 스피노자를 새롭게 해석하면서, 잠재태와 현실태의 관계를 사회변혁의 논리로 흡수한 바 있다.

"또 본성적으로 우리에게 생기는 모든 것에 있어서, 우리는 먼저 능력을 얻고 그 후에 활동을 전개한다. (이것은 여러 감각을 살펴보면 명백히 드러나는 일이다. 우리는 자주 보거나 자주 들음으로써 시각이나 청각을 가지게 된 것이 아니고, 오히려 이와 반대로 이런 감각을 사용하기 이전에 이미 그것들을 가지고 있었다. 그것들을 사용함으로써 그것을 가지게 된 것이 아니다). 그러나 덕의 경우에는 우리가 먼저 실천함으로써 비로소 얻게 된다. 여러 기술의 경우에 있어서도 이와 마찬가지이다. 우리가 먼저 그것을 함으로써 비로소 배워 알게 되는 것이다. 예를 들면 집을 지어 봄으로써 건축가가 되며, 거문고를 탐으로써 거문고 타는 악사가 되는 것이다. 이와 마찬가지로, 우리는 옳은 행위를 함으로써 옳게 되고, 절제 있는 행위를 함으로써 절제 있게 되며, 용감한 행위를 함으로써 용감하게 되는 것이다. (중략) 그러므로 한마디로 말하여, 성품은 각기 그 비슷한 활동에서 생긴다. 그러기에 우리가 전개하는 활동은 일정한 성격을 띠지 않을 수 없다. 이것은 성품이 활동들 간의 차이에 대응하기 때문이다. 이렇게 보면 우리가 아주 어렸을 적부터 어떠한 습관을 가지는가 하는 것은 결코 사소한 차이를 가져오는 것이 아니요, 아주 큰 차이를 가져오는 것이다."[21] (1103b)

21 아리스토텔레스, 『니코마코스 윤리학』, 을유문화사, 234쪽. 밑줄은 필자.

여기서 우선 주목해야 할 부분이 능력과 활동이라는 단어이다. 이 단어를 그리스어 원전으로 보면, 능력은 디나미스인데, 보통 잠재태라고 번역한다. 그리고 활동은 에네르게이아인데, 보통 현실태라고 번역한다. 이렇게 놓고 보면 잠재태가 현실태로 나타난다고 해석할 수 있다. 그리고 이러한 인간본성의 변화과정은 남과 사귀는 가운데, 우리가 실천하는 행위에 의해서 결정된다. 즉 우리는 행위에 의해서 옳은 사람이 되기도 하고, 옳지 못한 사람이 되기도 한다. 그리고 개인이 좋은 삶을 유지할 수 있는 방법은 다양한 인간관계로 얻어지는 덕과 친애이다. 다양한 사람들 사이의 관계는 다양한 가치와 척도를 인정해야 하며, 여기에는 개인의 능력을 넘어서 국가의 공적 가치를 받아들여야 하는 원칙이 부가된다. 이 말은 개인의 권리와 자유라는 것도 결국 국가가 인정한 특정한 인간관계에서 유래하는 것임을 의미한다. 따라서 도덕과 정의란 사람들을 결합시키는 다양한 방법들이며, 이것은 시대와 상황에 따라 달라질 수밖에 없다. 개인과 국가는 공생관계에 있는 것이다.

그렇다면 칸트의 경우에 도덕의 토대는 무엇인가? 그것은 바로 순수이성이다. 이것은 가능태에서 현실태로의 이행을 파악하지 못한다. 어쩌면 그러한 이행을 인정하지 않는 것인지도 모른다. 이러한 의미에서 순수이성은 반아리스토텔레스적이다. 이성은 그저 우리의 도덕원칙이 인간본성에 근거하고 있음을 말하고, 그것이 정당성의 원칙이라고 주장할 뿐이다. 칸트적 이성은 인간의 본성을 본원적인 것으로 가정하기 때문에 구체적인 상황에 놓여 있는 인간의 모습에는 관심이 없다. 오직 보편적이고 추상화된 인간 본성에만 관심을 집중시킨다. 칸트의 '순수이성'이나 롤즈의 '무지의 베일'이 말하고 있는 것처럼, 행위자들은 자신 앞에 놓여 있는 상황에서 이기적이고 합리적인 선택을 하는 것으로 가정된다. 따라서 도덕과 정의란 사회적 맥락으로부터 분리된 것이며, 그래서 추상적인 원칙일 뿐이다. 그런데 구체적인 상황으로부터 유리된 정의의 원칙이 가능한가? 매킨타이어의 대답은 부정적이다. 그래서 그는 자신의 저서 『덕의 상실』 5장에서 칸트의 계몽의 기획이 실패했다고 주장한다.

2절 | 마이클 샌들

샌들은 현재 미국을 대표하는 공동체주의 정치철학자이다. 특히 그의 책 『정의란 무엇인가』는 어려운 철학 내용을 대중강연의 형식으로 풀어내고 있어, 특히 한국에서 큰 인기를 모았다. 이 책은 1부와 2부로 나누어지는데, 1부에서는 주로 로크, 칸트, 벤담, 롤즈, 노직의 사상적 내용을 비판하고 있으며, 2부에서는 미국 사회에서 실제로 일어났던 사건들을 설명하면서 왜 아리스토텔레스적인 윤리관이 필요한가를 설명하고 있다. 그는 철학적인 수준에서 롤즈의 자유주의 이론과 노직의 자유지상주의를 모두 비판하면서, 새로운 대안으로 공동체주의적 정치철학이 필요하다고 주장한다. 롤즈가 미국 민주당의 사상적 원천이고, 노직이 공화당의 사상적 기원이라고 한다면, 샌들은 오바마 정권의 이론적 토대를 제공한 사람이다. 한편 오바마 정권의 사상적 토대가 되었다는 말의 의미는 샌들의 공동체주의가 미국사회에서 그동안 간과되었던 문화적 통합을 정책의 우선순위가 되도록 만들었다는 것이다. 다시 말해 롤즈와 노직이 주로 경제적 불평등의 문제를 두고 논의를 전개했다면 샌들은 대학입학, 기회의 평등, 과거사의 해석과 같은 생활세계의 가치관과 연결된 문제들을 정의론과 연결시키고 있다. 이 점은 2000년대 이후 한국 사회에서 나타나는 사회적 문제가 경제적 갈등을 넘어서 문화적 갈등현상으로 확대되는 점을 감안하면 우리 사회에 주는 시사점이 많다.

『정의란 무엇인가』 7장의 쟁점부터 잠시 살펴보자. 여기서 샌들은 대학입학의 기준에 대해서 거론한다. 동일한 점수를 받은 두 사람 중에서 부유한 백인 여성이 불합격하고, 자신보다 입학점수가 낮은 흑인 여성이 대학에 합격하는 경우를 소개하고 있다. 이것이 정의의 원칙에 부합하는가? 이른바 소수자 우대정책에 대한 해석과 그 정당성을 아리스토텔레스적 관점에서 살피고 있는 것이다. 미국에서는 흑인에 대한 역사적 왜곡을 보상하기 위해 소수자 우대정책을 실천하고 있고, 이에 근거하여 점수는 낮지만 백인 여성보다는 흑인을 우대하여 대학입학을 결정한 바 있다. 그래서 백인 여성이 대학에 실패한 것은 정의의 원칙에 어긋나지 않는다. 이른바 소수자 우대정책이나 인종의 다양성 정책이 개인의 권리보다 우선시되어야 한다. 이것이 사회적 가치로 인정받을 수 있는 근거는 대학의 본분이 사회적 가치체계와 관련되어 있고, 이것이 아리스토텔레스적인 의미에서 분배적 정의 원칙이라는 것이다.

분배적 정의의 내용은 무엇인가? 우선 그것은 포상과 관계된다. 분배정의에 관한 기준은 누가 무엇을 갖는가의 문제만이 아니라 사회적 가치를 나누는 포상의 문제를 다룬다. 포상을 받기 위해서는 어떤 자질이 필요한가를 결정한다. 둘째 사회조직이 자체적으로 사명을 결정한 뒤에야 비로소 무엇이 능력으로 인정받는지 정해진다면 문제가 복잡해질 수 있다. 정의에 관한 논쟁에서 흔히 거론되는 각종 학교, 대학, 그리고 공직, 전문직 등에서 정의의 원칙을 마음대로 정할 수 없다. 그러한 조직이 정한 사명과 목표가 결정된 후에야 비로소 정의의 원칙이 성립될 수 있을 뿐이다.[22]

분배적 정의는 누가 정의의 대상이 되는가에 따라서도 달라진다. 8장이 그것을 다룬다. 뇌성마비로 휠체어에 앉아 있는 장애인은 응원단원이 될 수 없는가? 다리가 불편한 장애인이 프로골프 선수로서 경기에 참여할 수 없는가? 이 두 가지 사건은 아리스토텔레스의 정의론을 이해하는 핵심적인 내용이다. 샌들은 아리스토텔레스의 정의론을 텔로스로 이해한다. 즉 행위의 목표를 아는 것이

22　마이클 샌들, 『정의란 무엇인가?』, 김영사, 2011, 250쪽.

정의론의 핵심이다. 이것을 이해하면 앞의 두 가지 사건의 기준이 생긴다. 우선 응원단의 목표가 무엇인가? 휠체어 앉아 있는 여학생은 높이뛰기를 하거나, 덤블링을 할 수 없다. 그렇지만 그가 휠체어 앉아서 응원의 리본을 흔드는 것만으로도 경기의 흥을 유발할 수 있고, 경기가 재미있어진다면 응원단원으로서 충분한 자격이 있다. 즉 응원의 텔로스는 경기를 재미있게 하는 것이지, 높이뛰기나 덤블링을 하는 것이 아니다. 또 다리에 장애가 있어 경기중에 카트를 이용할 수 있게 해달라는 어떤 선수의 제안은 프로경기에서 받아들여져야 한다. 왜냐하면 골프 경기의 텔로스는 클럽으로 공을 쳐서 작은 구멍으로 집어넣는 것이지, 먼 거리의 필드를 걷는 것이 아니기 때문이다.

이렇게 두고 보면 포상의 도덕적 가치는 공정성이나 권리와 분리될 수 없다. 그런데 칸트와 그 후계자들은 공정성과 권리의 기준으로 정의론을 다루면서 영광, 미덕, 가치, 본질적 텔로스 등을 삭제해 버렸다. 이것을 바로잡은 유일한 길은 정의와 좋은 삶을 연결시키는 것이다. 여기서 좋은 삶이란 텔로스에 관련된 논의이며, 이것은 사회조직이 어떤 종류의 가치관에 의미부여를 하는가에 따라 다르게 표현된다.

4장 | 공자: 동양의 덕치

동양에는 덕의 정치가 존재하지 않나? 공자와 아리스토텔레스가 비교될 수 있지 않나? 아닌 게 아니라 공자의 사상에서 드러나는 인과 중용은 아리스토텔레스의 덕과 중용의 개념에 매우 유사하다. 더구나 공자가 이상적으로 생각했던 정치가 백성을 위한 정치이며, 이때 군주의 덕목이 가장 중요하다고 강조한 점을 상기해 본다면, 아리스토텔레스와 공자를 비교하는 것은 제법 의미 있어 보인다. 비교라는 학문적 접근이 시대적 상황과 맥락을 벗어나서 불가능하며, 따라서 그리스 폴리스의 시대와 공자가 살았던 춘추시대를 망각한 채 텍스트에 나타난 개념만을 단순히 비교하는 것은 매우 위험스러울 수 있다. 그럼에도 두 사상가를 비교함으로써 덕의 정치가 포함한 사고의 내포와 외연을 확인할 수 있다면, 두 학자를 비교하는 것도 좋은 시도일 것이다. 이때 비교 대상은 역시 덕과 중용이라는 개념이 될 것이다. 왜냐하면 두 개념이야말로 두 학자의 사고를 대변하는 핵심 개념이며, 현대정치에서도 여전히 큰 역할을 하고 있기 때문이다.

우선 중용의 개념부터 살펴보자. 아리스토텔레스의 중용은 행동의 적실성을 의미하며, 정의론에서는 산술적 평등을 의미했다. 그렇다면 공자에게 중용은 무엇인가? 이를 알아보기 위해서 『중용』이라는 책의 1장을 참고하기로 한다. 이 책은 공자의 제자였던 자사가 편집한 책인데, 공자가 직접 쓴 책은 아니지만 공자의 사상적 핵심을 잘 보여주는 텍스트이다. 여기서 중용을 이렇게 서술하고 있다.

> "하늘이 만물에게 부여해 준 것을 본성이라고 하고, 자신이 부여받은 본성에 따르는 것을 도라고 하며, 도를 닦는 것을 가르침이라고 한다. 도라고 하는 것은 잠시라도 떨어질 수 없다. 떨어질 수 있다면 도가 아니다. 그러므로 군자는 다른 사람뿐만 아니라 자신이 볼 수 없는 곳에서도 삼가고 다른 사람뿐만 아니라 자신이 들 수 있는 곳에서도 조심한다. (중략) 기쁨, 화남, 슬픔, 즐거움의 감정이 아직 일어나지 않은 상태를 중이라고 한다. 이러한 감정이 일어나 모두 절도에 맞는 상태에 이른 것을 화라고 한다. 중이란 천하 모든 것의 가장 큰 근본이며, 화란 천하 모든 것에 두루 통하는 도이다."[23]

위의 인용문은 중용이 만물의 본성이라고 말한다. 그리고 그 본성을 깨우치고 따르는 과정을 도라고 한다. 이 문장만 놓고 보면 동양적인 의미에서 중용이란 인식론적인 속성이 강하다. 아리스토텔레스는 경험의 축적과 행동의 선택을 중용이라고 했는데, 동양의 중용은 이것과는 사뭇 다르다. 필자의 눈에는 아리스토텔레스

23 주희 엮음, 김미영 역, 『대학·중용』, 홍익출판사, 2015.

의 입장이 경험적인 접근법이라면, 동양의 『중용』은 인식론적 접근법으로 보인다. 그러나 감정의 변화(화남, 슬픔, 즐거움 등등)를 보면 꼭 그렇지도 않다. 여기에는 이미 생활세계에서 일상적으로 등장하는 경험의 수준이 드러나고 있다. 그래서 중용이라고 할 때 중은 '치우치지 않은 균형'을 의미하고, 용은 '사용하다', 또는 '일상성'을 의미하는 것으로 풀이한다.

자신이 볼 수 없는 곳에서도 삼간다는 말이 등장하는데, 이것을 한마디로 신독이라고 표현할 수 있다. 즉, 혼자 있을 때라도 스스로를 반성하는 자세를 일컫는 것이다. 이러한 맥락에서 보면 동양의 중용은 내면적인 성찰을 강조한다. 더구나 가르침의 방법으로 성을 꼽고 있다. 이것은 하늘의 도가 인간에 내재화된 품성이며, 희로애락을 드러내지 않은 마음의 형상이다. 따라서 성을 인식하는 방법으로 신독이 요구되며, 성을 통해서 하늘의 도를 깨우친 사람을 성인이라고 부른다. 물론 이것이 몸의 실천으로 이어져야만 한다. 진리를 깨달은 자는 그에 걸맞은 행동을 하기 때문이다. 그래서 명선(인식론)과 성신(실천론)은 하나의 짝을 이룬다. 또한 성신은 군신, 부자, 부부, 형제, 친구 간의 도리에 그대로 적용된다. 예를 들어 군신 간에는 의리가 있고, 부자 간에는 효가 있으며, 부부 간에는 구별이 있으며, 형제간에는 애정이 있고, 친구 간에는 우애가 있을진대, 그러한 인간관계의 기본이 바로 성신이다(『중용』 20장, 8절). 이것이 바로 성인이 되는 길이다(『중용』 20장 18절). 한편 성은 궁극적으로 정치적 지혜와 맞닿아 있다. 결국 아리스토텔레스의 중용과 동양의 중용은 표현방식은 좀 다르지만 내용적으로는 유사한 점이 더 많다.

> "몸을 닦는 방법을 알면 사람을 다스리는 방법을 알게 될 것이다. 사람을 다스리는 방법을 알면 천하 국가를 다스리는 방법을 알게 될 것이다. 무릇 천하 국가를 다스리는 데 아홉 가지 변치 않는 도리가 있다. 그것은 몸을 닦음과 현명한 사람을 높임, 친족을 사랑함, 훌륭한 신사를 공경함, 여러 신하를 자신의 몸과 같이 여김, 일반 백성들을 자식과 같이 생각함, 많은 기술자를 자신의 나라로 오도록 함, 멀리 떨어져 있는 사람을 회유함, 제후들을 포용함이다."[24]

그렇다면 인의 개념은 무엇인가?『논어』의 몇 군데를 찾아보자. 우선 6편 '옹야'와 12편 '안연'의 텍스트를 인용해 보자.

> "인한 사람은 어려운 일에는 먼저 나서서 하고 이익을 챙기는 데 남보다 뒤지는데, 이렇게 한다면 인하다고 할 수 있다"[25]

24 주희 엮음, 김미영 역,『대학·중용』, 홍익출판사, 174-175(『중용』 20장, 11절, 12절).

25 공자, 김형찬 역,『논어』, 홍익출판사, 2015, 82-82쪽.

"자기를 이겨내고 예로 돌아가는 것이 인이다. (중략) 예가 아니면 보지 말고, 예가 아니면 듣지 말며, 예가 아니면 말하지 말고, 예가 아니면 움직이지 말라. (중략) 집문을 나가서는 큰 손님을 대하듯이, 백성을 부릴 때에는 큰 제사를 받드는 듯이 하며, 자기가 바라지 않는 일을 남에게 하지 말아야 한다."[26]

위의 두 인용문을 보면 인은 내면적인 자기 수양과 외면적인 실천으로 나뉜다. 특히 내면성의 덕목은 자기가 바라지 않는 일을 남에게 하지 않는 것이다. 이것은 칸트의 황금률과 유사하다. 또 이익을 챙기는 것에 앞장서지 말라는 경고는 인간 행동의 바탕이 이해관계가 아님을 가리킨다. 그래서 자기를 이겨내고 예로 돌아가야 한다. 이것이 극기복례이다. 이 말은 인간성의 기본 바탕이 인이며, 이것의 사회적 표현방식이 바로 예라는 뜻이다. 따라서 정치라는 것도 인과 예를 기본으로 한다. 백성을 부리는 일과 제사를 받드는 일이 같다고 말한 이유가 여기에 있다.

공자가 생각한 이상국가는 과거 주나라였다. 춘추시대를 살았던 공자에게 무력통치라는 것이 매우 위험스럽게 보였고, 이를 극복하는 방법으로 예를 제시한 것은 과거 주나라 시대의 태평성대

26 공자, 김형찬 역, 『논어』, 홍익출판사, 2015, 132-133쪽.

를 염두에 둔 것이다. 특히 그가 예를 강조한 것은 당시의 신정정치의 가치관을 탈피하여 정치의 근본을 백성에서 찾으려 했기 때문이다. 주나라 시대부터 춘추시대까지 정치는 신의 의지에 따라 이루어지는 것이었는데, 이를 탈피하여 인간의 정치를 실현하기 위하여 공자는 예의 정치라는 새로운 가치를 만들어 낸 것이다. 이런 맥락에서 아리스토텔레스와 공자는 유사하다. 플라톤의 이상주의를 극복하고 현실 속에서 정치공동체의 완성을 꿈꾸었던 것이 아리스토텔레스였기 때문이다. 더구나 두 사람 모두 엘리트가 정치를 바람직한 정치체제로 간주했다. 『논어』'안연' 편 11절에 보면 정치가 무엇인가를 묻는 질문에 공자는 "임금은 임금답고, 신하는 신하다우며, 아버지는 아버지답고 아들은 아들다워야 합니다"라는 답을 한다. 이것은 신분질서를 인정하고 각자의 역할에 충실함을 강조한 것이다. 마치 아리스토텔레스가 민중이 정치에 참여하는 데모스의 정치가 위험스럽고, 현명한 군주나 똑똑한 귀족들이 정치를 하는 체제가 바람직스럽다고 생각한 것과 비슷하다

더구나 공자나 아리스토텔레스는 모두 개인의 덕성을 기반으로 한 정치를 생각했다. 이른바 미시정치를 강조했던 학자라고나 할까? 정치구조와 시스템을 강조하는 것이 거시정치라고 한다면, 개인의 덕목을 강조하는 것을 미시라고 이름 붙일 수 있겠다. 특히 공자는 소규모의 공동체를 정치 단위로 생각했고, 법이나 관료 등과 같은 거대조직들이 개입하는 것을 꺼렸던 것으로 보인다. 바로 이러한 점이 후일 묵자나 한비자와 같은 학자들로부터 공격을 받게 되

는 이유가 된다. 묵자나 한비자는 전국시대를 살면서 국가의 규모가 한층 증폭된 시대를 살았던 인물인데, 공자가 제기한 미시적인 징치만으로는 당대의 정치적 문제를 해결할 수 없다고 본 것이다.

한편 공자와 아리스토텔레스 사이에는 결정적인 차이점이 있다. 전자가 정치를 가족의 연장선에 본 반면, 후자는 가족과 정치는 완전히 분리된 영역이라고 보았기 때문이다. 공자에게 가족과 연결된 정의론이 등장하는 유명한 구절이 있다. 『논어』 '자로' 편 18절이다. 여기서 섭공이 공자에게 질문을 한다. 아버지가 양을 훔치는 것을 아들이 보았다면 어찌해야 하는가? 도대체 정직하다는 것이 무엇인가? 이 질문에 공자는 아들이 아버지를 고발하는 것은 정직이 아니라고 말한다. 서로 숨겨주어야 한다는 것이다. 즉 효심이 사회적 정의보다 앞선다.

이러한 사고의 발상이 『대학』이라는 책에는 보다 정교한 형식으로 등장한다. 『대학』은 10개의 장으로 구성되어 있다.[27] 『대학』의

27 송나라 때 주희가 『예기』에 포함되어 있던 『중용』과 『대학』을 두 개의 독립된 저서로 편집하고 주석을 달았는데, 아마도 이 두 책은 인간의 본성과 치국의 성심을 다루고 있다는 점에서 공통점이 많은 것으로 파악한 모양이다. 그 후 원나라 시절 과거시험의 교과목으로 채택됨에 따라 『대학』과 『중용』은 유학의 중요한 고전으로 자리를 잡게 되있다. 물론 소선시대에도 중국의 전례를 그대로 따라 조선 유학의 중요한 텍스트가 된다.

순서는 1장(명명덕), 3장(지어선), 6장(성의,) 7장(정심수신)인데, 이것은 『중용』에서 강조한 본성의 탐구에 해당한다. 그리고 4장(본말), 5장(격물치지)은 인식론으로서 성심에 해당한다고 볼 수 있다. 마지막으로 2장(신민), 8장(수신제가), 9장(제가치국), 10장(치국평천하)은 성심의 외면적 표현이라고 볼 수 있다. 즉 인간의 마음 수양- 가족의 평화-국가의 정치- 천하의 통치라는 순서가 일괄되게 연결된다. 정치에 대한 이러한 관점은 동양과 서양의 입장을 극명하게 대비하고 있으며, 현대 한국사회에서도 여전히 그 차이를 보이고 있다. 예를 들어 대통령 선거에서 배우자나 가족의 비리에 큰 관심을 나타내는 한국정치의 특징은 가족영역과 정치영역이 분리되지 않는 공자의 사상에서 유래했다고 평가할 만하다.

동양의 인과 서양의 덕이 비슷한 개념이면서도, 실제로 정치제도는 다르게 발전한 이유는 무엇일까? 중도적 지혜를 추구했던 점에서 동양과 서양은 비슷했지만, 그 이후의 정치발전이 달라진 이유는 자본주의의 성립과 관련이 깊다. 막스 베버가 『프로테스탄트의 윤리와 자본주의 정신』이나 『유교와 도교』에서 동양의 정치문화에는 합리성을 기반으로 하는 자본주의 정신이 부족했기 때문에 근대국가로 진입하지 못했다고 평가한 바 있다. 베버의 진단이 얼마나 타당한가는 논외로 하고, 정치적 개념만으로 합리성이 보증되는 것은 아니라는 점만은 분명하다. 그런 의미에서 정치철학의 고전 속에서 개념만을 비교하는 방식으로는 정치의 흐름을 온전히 이해하기 어렵다. 그래서 필자는 텍스트 안에 갇혀 있으면서 정치철학을 공부해서는 안 된다고 강조하고 싶다. 개념의 기원과 내용을 이해하는 것을 넘어서 역사 속에서 개념이 어떻게 변형되어 왔는지를 반드시 밝혀야 한다. 자본주의와 관련된 서양의 정치사상은 자유민주주의를 논하는 자리에서 상세하게 밝힐 것이며(이 시리즈의 2권에 해당한다), 동양에서, 특히 한국에서, 근대적 합리성이 제대로 실현되지 못한 이유에 대해서는 근대국가의 수입과정과 식민지 근대화론을 점검하는 자리에서 상세히 논의해 보도록 하자(이 시리즈의 13권에 해당할 것이다).

2부
사랑의 정치

POLITICAL
PHILOSOPHY

기독교가 정치를 지배하던 시기는 중세에서 절정을 이루다가 근대 자유주의가 등장하면서 사라졌지만, 그 영향력은 현재에도 여전히 남아 있다. 오늘날 자본주의 사회의 위기를 극복하기 위한 대안을 제시하는 레비나스와 리쾨르의 정치철학이 대표적이며, 성경에 대한 예언적 해석을 기반으로 현실주의 국제정치관을 제시한 니버가 중요하다. 한편 중국사상에서 묵자의 겸애라는 개념을 기독교의 사랑과 비교함으로써 그 의미를 살펴보고자 한다.

1장 | 레비나스

레비나스는 기독교의 신으로 다가서기 위해서, 근대철학의 주체 중심주의를 비판한다. 그에 따르면 근대철학은 개인 중심주의이고, 이성 중심주의이며, 동일성의 철학이다. 그래서 타자를 철학적 사유에서 배제시켰고, 언제나 나를 중심으로 세계를 이해하려고 했다. 대표적인 학자가 바로 칸트이다. 그 결과 오늘날 세계는 반목과 갈등에서 벗어나지 못하고 있다. 그렇다면 갈등에서 벗어나는 방법은 무언가? 이성 중심, 개인 중심, 동일성의 사유를 벗어나면 된다. 이를 위해서 레비나스는 하이데거의 철학을 이용한다. 칸트를 공격했던 대표적인 학자가 하이데거였기 때문이다. 그런 이유로 그의 글은 읽기가 어렵다. 기독교 신앙에 대한 서술도 익숙하지 않은데, 하이데거의 용어들 역시 난해하기 때문이다. 단지 어려울 뿐만 아니라, 뭔가 신비로운 소리로 들린다. 그럼에도 불구하고 그의 철학은 현대사회에서 "돌봄민주주의"라는 정치노선에 중요한 토대를 제공하고 있다. 따라서 학문적으로 간과할 수 없다. 우선 그의 대표작『전체성과 무한』[28]을 중심으로 레비나스의 사상을 간략히 살펴보고, 돌봄민주주의 내용이 무엇인지 정리해 보도록 하자.

『전체성과 무한』은 어떤 의미를 갖는가? 한마디로 말하면 전체성이란 이성중심-개인중심 철학의 특징이며, 이것은 타자를 배제하는 속성을 갖는다. 그래서 현대세계는 고통에 빠져 있다. 반면 무한은 전체성을 벗어나 있는 사유체계이다. 내가 생각하는 사유의 저편에 있는 누군가, 즉 타자를 인정하는 사유체계이다. 무한은 나를 윤리의 중심에 두지 않으며, 타자의 고통에 민감하며, 타자를 포용하고 치유하는 것에 책임감을 느낀다.

『전체성과 무한』 1부의 제목은 동일자와 타자인데, 여기서 가장 중요한 절은 "전체성의 파열"[29]이다. 형이상학적 자아, 초월적 자아, 동일자 등의 용어를 사용해 가면서 레비나스는 근대철학이 타자의 존재를 파괴하고, 갇힌 사유체계를 구성해 왔음을 비판한다. 나만의 사유체계로 표현되는 철학이 전체성이며, 그 결과는 경계

28 레비나스, 문성원 역,『전체성과 무한』, 2019, 그린비.

29 레비나스,『전체성과 무한』, 30쪽.

너머의 것을 인정하지 않는 것이다. 또 전체성은 나를 중심으로 이루어진 만큼 동일성만을 내용으로 구성한다. 형이상학의 도달점은 결국 절내적 외재성이며, 전체화의 완성이다. 전체성은 평화가 함축하고 있는 존재들을 흡수해 버린다. 이런 논리를 극단까지 밀고 가면 결국 평화란 전쟁할 수 있는 자들이 만들어 낸 것에 불과하다. 그래서 혹자는 이를 두고 '동일자의 제국주의'라고 부르기도 한다. 로크나 칸트의 철학적 내용을 상기해 보라. 그들은 시공간을 넘어 불변하는 자아의 본질을 찾으려 했고, 그것이 바로 정체성이라는 단어로 요약된다. 내가 나인 것을 확인하는 방법이 바로 근대철학의 핵심 주제 아니었나?

그리고 세계와의 관계 맺음도 소유의 형식을 빌려야 했다. 즉 세계의 타자성이 자기의 동일화로 돌아오는 것이 전체성이기 때문에 동일화의 사회적 계기는 신체, 집, 노동, 경제 등등으로 표현된다. 보통은 애덤 스미스나 마르크스가 자유주의와 사회주의의 대표적인 이론가로 대비되지만, 동일성의 논리로 경제를 생각했다는 점에서 같은 선상에 놓여 있다. 이것은 물론 필자의 해석이다.

레비나스는 자아 중심주의를 넘어서는 길이 인간의 본성을 찾는 길이라고 말한다. 그렇다면 방법은 무언가? 그것은 대면으로 타자를 받아들이는 것이다. 또 이해관계를 벗어난 욕망을 인간 내면에서 살려내야 한다. 타자의 얼굴을 보고 타자의 목소리를 듣게 되면 나의 내면에 갇혀 있던 진정한 나의 모습이 드러난다. 레비나스가 사용하는 개념들을 보면 사유체계의 단면을 쉽게 짐작하게 된다. 그가 자주 사용하는 몇 개의 단어들을 간략히 살펴보자. 이런 방식으로 그의 텍스트를 이해하는 것이 신비로운 철학 담론에 빠지지 않고 그 의미를 현실로 살려내는 가장 효율적인 방식이라고 필자는 생각한다.

첫째 대화이다. 대화란 사물을 넘어서는 관계와 대화하는 것이며 이것은 윤리적 관계가 인간 사이에서 실현되기보다는 바깥으로부터의 가르침이라는 점을 의미한다.

둘째 얼굴이다. 타자가 내 안에 있는 타자의 관념을 넘어서 자신을 제시하는 방식이다. 이것은 나의 주도권과 나의 능력으로부터 독립된 곳으로 나를 이끌어 준다. 그래서 레비나스는 얼굴을 말씀과 동일한 맥락에서 사용할 때도 있다.

셋째 향유이다. 이것은 행복한 독립을 의미한다. 이를 위해서 정감성(Affectivite)이 필요하다. 즉 감정의 역할이 중요하다.

넷째 욕구이다. 진정한 욕구는 존재가 세계와 맺는 관계이다. 그 관계는 주로 직접적인 신체성을 통해서 이루어진다.

다섯째 무한이다. 이것은 대화의 마주 섬 속에서 생산된다. 진정한 사회관계는 무한이다. 그리고 평등이란 타자가 동일자에게 명령하고 책임을 계시하는 관계에서 생산된다.

"전체성의 파열은 서로를 부르는 항들, 또 최소한 서로 마주 선 항들 사이의 단순한 구분에 의해서 얻어지는 사유의 작용이 아니다. 전체성을 깨뜨리는 공백이 전체화하고 개관하는 숙명을 지닌 사유에 맞서서 유지될 수 있는 것은, 사유가 범주로 처리되지 않는 타자와 대면하고 있음을 발견하는 경우 뿐이다. 사유는 한 대상으로 그렇게 하듯 타자로 전체성을 구성하는 데 성립하지 않는다. 사유는 말하는 데서 성립한다. 우리는 전체성을 구성하지 않은 채 동일자와 타자 사이에 수립되는 유대를 종교라 부르고자 한다."[30]

대면과 말씀은 레비나스 철학의 핵심 단어이다. 이것은 근대철학이 강조했던 형이상학적 지시체계를 거부하고 신의 사유체계로 돌아가고 있음을 의미한다. 그래서 그는 '영감', '새로운 본체' 등의 기독교 언어를 채용한다. 또 이해관계에서 벗어난 욕망을 선함이라고 부르며, 이것을 달성하는 것이 새로운 방식으로 살아가는 방법이다. 즉 전체성의 사유가 배제해 버린 타자의 관계가 복원될 수 있는 길이다. 그리고 이것은 내가 타자의 얼굴을 마주하고, 그와 대화하는 방식을 통해서 실천된다. 내 안에 있는 타자의 관념을 넘어서 자신을 제시하는 방식이 얼굴이다. 아마도 타자의 얼굴이란 신이라고 해석해도 무방할 것이다.

한편 삶은 지상과 천상의 먹을거리를 즐기는 것이다. 이것이 향

30 레비나스, 『전체성과 무한』, 38쪽.

유이다.[31] 전체성의 사유에서 행복은 소유와 관련되어 있었지만, 무한의 세계에서 행복은 향유와 관련된다. 전체성이 지배하는 사회에서 행복은 이성이라는 기준에 의해서 측정되지만, 무한의 사유에서 행복은 타인의 고통에 대한 감수성의 기준으로 실현된다. 이성의 논리가 지속되는 한, 향유의 행복이 달성되지 않는 한, 우리 사회는 폐망할지도 모른다. 그래서 레비나스는 분명히 말한다. 행복이 충족되는 것은 타자와 맺는 관계에서 시작된다고.[32]

> "칸트의 정언명법은 이성적 요구의 산물로서 당위이기 때문이다. 이와는 반대로 레비나스의 윤리적 명령은 나의 의식 밖에서 나에게로 침투해 오는 타자의 외침이다. 타자의 얼굴은 도움을 요청하는 벌거벗고 연약한 자들의 외침으로 이러한 외침은 '살인하지 말라"는 신성한 계명의 가르침으로 변화한다."[33]

레비나스의 사상은 현대정치학에서 돌봄(care)이라는 개념으로 정착했다. 예를 들어 "돌봄민주주의", "돌봄윤리", "돌봄과 정의"와 같은 파생어를 만들어내었다. 이러한 개념과 파생어들은 주로 자유

31 이 단어에서 하이데거의 냄새가 물씬 풍긴다.

32 레비나스, 『전체성과 무한』, 167-169쪽.

33 박원빈, 『레비나스와 기독교』, 북코리아, 2009, 67쪽.

민주주의 시민성을 공격한다. 자유주의는 신체적으로나 경제적으로 독립된 사람들만을 정치의 주인으로 생각해 왔다. 그런데 자유주의 사회의 구성원이 모두 독립적인 시민인가? 분명 그렇지 않다. 거기에는 어린아이, 여성, 소외된 노인, 여성들, 장애인들과 같이 다른 사람들의 도움을 받지 않는다면 삶을 유지할 수 없는 사람들이 존재한다. 그럼에도 불구하고 자유주의 정치철학은 이들을 정치 주체로 간주하지 않았다. 더구나 자유주의 사회가 전제하는 계약론도 자신의 이해관계를 파악하고 있는 사람들 사이의 관계이다.

그러나 세계화 이후의 현실정치에서는 이념과 종교 그리고 문화가 전혀 다른 사람들이 사회구성원으로 등장하게 되었다. 또 이들 사이에는 이질성의 문화로 말미암아 타협 자체가 불가능하게 되었다. 즉 기존의 자유주의 정치철학으로는 정당성을 유지하기 어려운 문화적 영역이 등장한 것이다. 이제 우리는 자유주의가 탄생했던 17세기 유럽과는 판이한 사회에서 살고 있다. 이민족과 이질적인 종교, 익숙하지 않은 문화가 혼종된 상태로 살아가고 있는 것이 21세기 현대사회이다. 그래서 자유주의는 분명 한계를 인정하지 않을 수 없다. 적극적으로 타인과 함께 살아가는 방식에 주의를 기울여야 한다. 그래서 탄생한 개념이 돌봄이다. 이 개념은 사회적 유대를 만들어내기 위해서 이성보다는 감정을 중요하게 생각한다.

"칸티안 도덕이론과 공리주의는 우리가 무엇을 해야 하는지를 밝히기 위해 전적으로 이성에 의존한다. 대신 돌봄윤리는 도덕이 무엇을 추천하는지를 이해하는 데 있어서 감정의 기여를 강조한다. 예를 들어 구체적인 타인에 대한 동감, 민감성, 응답성은 모든 인간 혹은 모든 개인에 대한 보편적인 원칙과 고도로 추상적인 규칙보다 우리가 해야 할 것을 안내하는 더 나은 지침이 될 수 있다."[34]

민주주의의 발전을 위해 연대감이 필요하다는 것은 누구나 동의할 것이다. 그러나 자유주의가 주장한 연대는 시장의 영역에 국한된다. 이해관계의 조정이 자유주의적 연대의 궁극적 목표이다. 여기에는 일하는 노동자, 돈을 버는 자본가라는 배경이 암묵적으로 전제되어 있다. 그러니 어린아이, 장애인, 실업자들은 자유주의 사회의 구성원이 될 수 없다. 이것은 분명 사고의 횡포이다. 더구나 이들을 배려하고 돌본다는 것이 일시적인 시혜가 아니며, 돌봄이란 가정이나 종교의 영역에서 이루어지는 관행도 아니다. 돌봄의 정치는 타인을 돌보는 일이 사회적으로 매우 중요한 것이라는 점을 일깨워 준다. 그래서 자유주의 사회가 지탱하기 위해서는 "법과 제도"를 기반으로 하는 모델과 "표현-협력의 모델"이 동시에 존재해야 한다고 주장하는 학자도 있다.[35] 전자가 시민 도덕으로서

34 헬드, 김희강·나상원 역, 『돌봄: 돌봄윤리』, 박영사, 2017, 295쪽.

35 트론토, 김희강·나상원 역, 『돌봄민주주의』, 아포리아, 2014, 123쪽.

행위규칙을 제시하고 있다면, 후자는 타자에 대한 배려의 태도를 강조한다. 다시 말해 이질성의 문화가 갖는 도덕규칙도 수용하고, 타인을 배려하는 실천이 있어야 비로소 자유주의 사회가 존립할 수 있다는 것이다. 전자를 이성적 규범윤리라고 한다면, 후자는 배려의 책임윤리라고 할 수도 있겠다. 전자가 칸트적 관점이라면, 후자는 레비나스적 시각이다.

지난 20여 년 동안 한국 사회에서는 소위 신자유주의와 세계화의 시대를 맞이하여 개인의 모든 행위 결과를 자신에게 돌리는 풍조가 사회 전반에 만연하게 되었다. 학교를 선택하고, 직장을 구하고, 사회적으로 성공을 하는 모든 것이 개인의 능력과 노력의 결과물이라는 가치관이 우리를 지배하고 있다. 이것이 과연 바람직한가? 이성적 판단과 효율성을 강조하는 사회규범이 우리 사회를 경제적으로 발전시킬 수는 있다. 그러나 이것만이 사회를 운영하는 절대적 가치관이 된다면 우리 사회에서 연대의식은 영영 사라지고 말 것이다. 적어도 개인 혼자서 감당할 수 없는 책임의 영역이 있다는 것을 인정해야 한다. 모든 인간이 동등한 경쟁조건에 처해 있지 않음을 인정하고, 개인의 실패가 이 사회의 구조적인 모순에서 유래한 것이며, 한 사람의 좌절을 사회 전체가 책임져야 한다는 가치관이 필요하다.

사실 우리 모두는 어린 시절 부모로부터 돌봄을 받아 어른으로 성장해 왔다. 어린아이가 어른으로 성장하는 과정에서 돌봄의 주체가 꼭 부모에게만 한정될 수 없다. 우리가 기억하지 못하지만,

더 많은 사람들이 나를 돌보아 주고 배려하여, 지금 내가 비로소 건전한 자유주의 사회의 일원이 될 수 있었다. 그러니 나도 익명의 타인을 배려하고 돌보아 주어야 한다. 이것은 내가 어린 시절 받은 돌봄의 경험으로부터 자연스럽게 생겨나는 감정이다. 이를 두고 "배태된 돌봄 의존성"이라고 말할 수도 있겠다.[36] 따라서 돌봄은 개인 간의 관계가 아니라 국가가 떠맡아야 할 정책대상이다. 이런 맥락에서 돌봄은 새로운 정의론의 원칙이다. 롤즈의 정의론이 시장에서 개인의 이해관계를 조정하는 것에 주목했다면, 돌봄의 원칙은 이 사회에서 최소한의 '돌봄기본선'을 제공하는 것에 주목한다. 동일한 논리로, 기존의 복지행정이 시장의 영역을 벗어나지 못했다면, 돌봄의 행정은 문화적 영역으로 확대한다. 굳이 시대구분을 해본다면, 자유주의 정치가 부르주아 경제를 기반으로 생겨났고, 사회민주주의가 노동자의 이해관계를 지키기 위해서 나타났다면, 돌봄주의는 소외받은 사람들을 위해서 나타났다. 즉 시장제도/노동의 복지제도/돌봄의 책임제도라는 구분이 가능하다.[37] 첫 번째가 자유주의 사회의 정의론이라면, 두 번째는 사회민주주의 사회의 정의론이며, 세 번째는 신자유주의 시대의 정의론이라 할 수 있겠다. 그래서 헌법 10조에 명기된 행복추구권을 달성하기 위해서 새

36 앙스터, 김희강·나상원 역, 『돌봄: 정의의 심장』, 박영사, 2017, 3쪽.

37 김희강, 『돌봄민주국가』, 박영사, 2022, 95쪽.

로운 제도와 정책을 만들어내야 한다고 주장하기도 한다.[38]

38 한편 레비나스와 돌봄정치의 한계에 대해서는 필자의 글을 참고하라. 홍성민, "감정구조와 한국사회; 통합과 상생의 정치를 찾아서", 2022, 한울엠프렉스, 1부 2장.

2장 | 리쾨르

리쾨르는 해석학을 통해 성경을 분석함으로써 현대사회에 필요한 윤리적 함의를 찾아내려고 한다. 그렇다면 해석학적 방법론이 무얼까? 정치철학을 공부하는 사람들에게 해석학이 그리 익숙하지 않다. 필자가 간략하게 이해한 수준으로 리쾨르의 문제의식을 정리하자면 다음과 같다. 성경의 내용은 시대에 따라 다르게 읽고, 이해할 수 있다. 그런 의미에서 텍스트의 의미는 그것을 읽는 독자와 공동체와 삼각관계를 맺고 있는 셈이다. 이런 맥락에서 성경의 내용을 저자의 의도에 충실하게 읽는 독해와 그것을 현대적인 의미로 되살려내는 독해는 모두 해석의 중요한 목표이다. 이러한 입장을 갖게 되면 성경이라는 텍스트는 신화와 상징으로 접근되어야 한다. 즉 텍스트의 내용이 다원적이며, 그 해석의 범위는 독자와 연구자들의 문제의식에 따라서 다르게 드러나게 된다. 보다 적극적으로 주장한다면, 이익집단의 정의론에 따라 다르게 읽혀질 수 있다는 것이다.

리쾨르의 초기 저작은 주로 성경에 드러난 악의 문제를 다루었다. 『성서의 새로운 이해』[39]와 『악의 상징』[40]이 그 대표적인 저작이

39 리쾨르 & 라콕, 김창주 역, 『성서의 새로운 이해』, 살림출판사, 2006.

40 리쾨르, 양명수 역, 『악의 상징』, 문학과 지성사, 2020.

다. 전자에서는 구약성경에 나타난 악의 의미를 다루고 있고, 후자에서는 성경이 강조하는 죄라는 개념이 어떤 단계를 거쳐 변화해 가는지를 설명하고 있다. 특히 필자는 『악의 상징』에서 "욥기" 편을 강조하고 싶은데, 여기에서는 욥이 일상에서 겪는 고통을 신화적으로 분석함으로써 세속적인 윤리를 넘어선 신의 정의로움에 대해 설명하고 있다. 그리고 비교적 후기 저작에 속하는 『역사와 진리』[41]에서는 성경이 말하는 정의가 역사 속에서, 정치와 경제라는 현실 속에서, 어떻게 접목될 수 있는지를 보여 준다. 이처럼 리쾨르가 성경을 상징의 차원에서 해석하는 이유는 이것이 우리에게 새로운 사고를 불러일으키고, 이를 통해서 새로운 주체가 정립될 수 있다고 믿기 때문이다. 따라서 상징을 해석한다는 것은 철학적 인간학의 기초를 세우는 것이다. 왜냐하면 인간이란 언어적 의미를 통해서만 존재의 의미를 찾을 수 있기 때문이다.

> "상징에서 출발하는 철학은 그 바탕 안에 이미 전제로 잡고 있는 인간을 발견한다. 그 같은 전제는 상당히 우연하고 폭 좁은 것으로 보일 수도 있다. 어떤 상징을 취했다는 것이 상당히 우연하게 보인다. 왜 철학하는데 하필 상징인가? 왜 그 상징을 취하는가? 어떤 상징을 취할 때 생기는 문화적 우연성과 제약성이 있지만, 철학은 그러한

41 리쾨르, 박건택 역, 『역사와 진리』, 솔로몬, 2006.

우연성에서 출발하여 반성과 사변을 거쳐 그런 방식의 합리성을 발견해야 한다."[42]

그러나 리쾨르가 분석한 구약성경들은 주로 악의 문제에 집중되어 있는 만큼, 현실정치를 고민하는 필자의 입장에서는 조금 낯설다. 이러한 이유로 필자는 리쾨르가 사랑과 정의 문제를 연결하고, 신약의 텍스트를 해석학적 입장에서 다루고 있는 문헌을 중심으로 그의 사고실험을 소개하고자 한다. 이러한 목표에 가장 적합한 글이 바로 「사랑과 정의」이다.[43]

여기서 리쾨르는 정의론이 사법의 문제로 한정될 수 없다고 단언한다. 이게 무슨 말인가? 현대사회에서 정의에 대한 옳음/그름을 결정하는 것은 물론 사법부이다. 우리 사회에서 제기되는 각종 소송사건을 떠올려 보면 쉽게 알 수 있다. 더구나 아리스토텔레스

42 리쾨르, 양명수 역, 『악의 상징』, 문학과 지성사, 2020, 330쪽.

43 이 책은 리쾨르가 1989년 레오폴드 루카스(Leopold Lucas)상을 수상한 후에 행한 몇 번의 강연을 책으로 엮어 출판한 책이다. 루카스상은 신학이나 철학 분야에서 괄목할 만한 저작을 남긴 학자에게 수여된다. 한편 한국에는 아직 이 프랑스어판 원본이 번역되지 않았으나, 이 책의 1장이 일부 번역되었다. 한국어 판본의 출처는 참여사회연구소가 주관하는 잡지 『시민과 세계』이며 발행연도는 2005년이다.

의 분배론으로부터 롤즈의 분배론까지 정의는 평등과 관련해 논의되었다. 그러나 정의의 문제는 성찰적인 수준에서 그 의미를 되새겨볼 필요가 있다. 왜냐하면 정의론은 사회의 관행과 관련되며, 논리적 형식에 의해서 결정되는 것이 아니기 때문이다. 이러한 맥락에서 리쾨르는 그동안 정의론에 포함되어 있지 않았던 사랑의 문제를 함께 고려해야 한다고 제안한다.

우선 그는 분배론이 주로 경제영역에 한정되어 왔던 점을 비판한다. 즉 권리/의무, 이익/불이익, 재화/비용을 할당하는 것으로 인식되어 온 것이 분배론의 한계라는 것이다. 즉 정의론을 다루면서 사회와 개인을 분리하는 방식은 적절하지 않으며, 개인들이 사회 전체 속에서 어떤 위치를 차지하는가를 물어야 한다. 이 말이 어떤 의미인지 아래서 좀 더 설명해보자.

리쾨르의 핵심 주장은 정의와 인간 덕목의 관계에 있다. 위에서도 언급했지만 정의는 평등과 관련되어 논의되었고, 현대 철학에서 이러한 지적 전통을 이어받은 학자로 롤즈를 꼽는다. 그의 저작 『사회정의론』은 가장 혜택을 받는 사람이 이익을 더 많이 얻을 경우와 가장 혜택을 받지 못하는 사람이 불이익을 감소시키는 경우를 대비시키고 있다. 이 말을 롤즈의 원전에서 확인해 보자.

> "만일 평등한 자유와 공정한 기회 균등이 요구하는 제도의 체계를 가정할 경우에 처지가 나은 자들의 보다 높은 기대치가 정당한 것으로 인정될 수 있는 유일한 조건은 그것이 사회의 최소 수혜들의 기

대를 향상시키는 체제의 일부로서 작용하는 경우이다. 직감적으로 생각되는 것은 혜택받은 사람들에게 보다 매력적인 전망을 허용함으로써 보다 혜택받지 못하는 사람들의 이익이 도모되지 않는 한 사회 질서는 그러한 전망을 설정하거나 보장하지 않아야 한다는 점이다."[44]

여기서 가장 작은 몫을 극대화하는 것이라는 논리에 주목해 보자. 이 점은 아리스토텔레스로부터 유래한다고 리쾨르는 판단한다. 그리고 이것이 롤즈의 학문적 공헌이라고 인정한다. 정의는 사법적 판단을 넘어서 모든 사람에게 이익이 되도록 재화를 분배한다는 기준을 제공했기 때문이다. 그렇지만 리쾨르가 보기에 롤즈의 이 부분이 뭔가 부족하다. 무엇이 부족한가? 독자들은 미리 답을 보기 전에 그 내용을 상상하기 바란다.

이익을 분배하는 것이 정의론의 핵심이었고, 이를 통해서 사회적 결속을 만들어 왔는데, 사람들은 왜 다른 사람과 결속하는 것을 받아들이는 것일까? 서로가 공평하게 이익을 나누어 가졌다는 생각만으로 사회적 결속이 가능할까? 리쾨르는 아니라고 말한다. 여기서 한발 더 나아가 서로 간에 의지하고, 신세를 지고 있음을 인식

44 롤즈, 황경식 역, 『사회정의론』, 이학사, 2003, 123쪽.

해야 한다. 리쾨르가 생각하기에 정의론의 근본적인 토대는 인간의 마음씀에 있다. 다시 말해 상대를 인정하고, 상대가 없이는 내가 존재할 수 없다는 인정의 관념으로부터 정의가 가능해진다. 이것을 연대라고 말해도 좋고, 서로에 대한 감사라고 말해도 좋겠지만, 리쾨르는 이것을 사랑이라고 표현한다.

> "이런 점에서 롤스가 최초의 사회계약이라고 가정된 상황에서 사람들이 가질 기본적 태도라고 정식화한 '공평한 이익'(disinterested interest)이라는 충격적인 원리를 떠올릴 필요가 있다. 상호성 이념이 이 원리에 빠져 있는 것은 결코 아니지만, 이익의 대립으로 인해 이러한 정의이념은 모든 사람들이 서로 신세를 지고 있다는 진정한 인정과 연대의 수준으로까지 발전할 수 없다. 나는 이제부터, 인정, 연대, 서로에 대한 감사(mutual indebtedness)와 같은 이념을 사랑과 정의 변증법이라는 지평 위에 있는 불안정한 균형점(unstable equilibrium point)으로 볼 수 있다는 것을 보여주기 위해 노력할 것이다."[45]

한마디로 말해 이익의 분배를 가능하게 만드는 것은 상대방에

45 리쾨르, 최현 역, "사랑과 정의", 『시민과 세계』 7호, 2005, 참여사회연구소, 503쪽.

대한 마음씀(=사랑)이며, 이것이 공정한 분배를 합의할 수 있도록 유도한다. 지금까지 정의와 사랑의 관계를 논의한 철학자는 없었다. 물론 공동체주의자들이 이와 유사한 생각을 한 것 같지만, 이들은 아리스토텔레스의 덕이나 관습을 염두에 둔 것이지 사랑은 아니었다. 특히 공동체주의자들의 주장은 자아정체성에 관련된 것이었으니, 인간의 마음씀이라는 주제와는 약간 결이 다르다. 사랑과 정의의 관계를 변증법적 필연성으로 보아야 함을 주장한 후, 리쾨르는 성경의 구절을 인용하면서 두 개념의 상호관계를 구체적으로 설명한다. 첫째는 마태복음에 등장하는 산상수훈의 문장이며, 둘째는 누가복음에 등장하는 황금률의 문장이다.

> 12절 그러므로 무엇이든지 남에게 대접을 받고자 하는 대로 너희도 남을 대접하라. 이것이 율법이요 선지자이니라. -「마태복음」7장

> 27절 그러나 너의 듣는 자에게 내가 이르노니 너희 원수를 사랑하며 너희를 미워하는 자를 선대하며
> 28절 너희를 저주하는 자를 위하여 축복하며 너희를 모욕하는 자를 위하여 기도하라
> 29절 너희는 이 뺨을 치는 자에게 저 뺨도 돌려대며 네 겉옷을 빼앗는 자에게 속옷도 거절하지 마라
> 30절 네게 구하는 자에게 주며 네 것을 가져가는 자에게 다시 달라 하지 말며

31절 남에게 대접을 받고자 하는 대로 너희도 남을 대접하라
35절 오직 너희는 원수를 사랑하고 선대하며 아무것도 바라지 말고 꾸어 주라. 그리하면 너의 상이 클 것이요 또 지극히 높으신 이의 아들이 되리니 그는 은혜를 모르는 자와 악한 자에게도 인자하시니라.[46] -「누가복음」6장

「마태복음」과「누가복음」은 예수의 가르침을 기록한 문서 중에서 가장 대표적인 것이다.「마태복음」7장은 산상설교의 가장 유명한 문장이며, 황금률이라고 부른다. 이것은 고대 유대교에서 전래해온 율법의 내용을 한마디로 요약한다. 그 내용은 호혜성이다. 한편 이것은 칸트가 윤리형 이상학으로 정립한 행동규칙과 유사하다. 이런 맥락에서 황금률은 정치사상에서 누구나 인정하는 정의의 기준이라고 할 수 있겠다. 그런데「누가복음」6장은 내용이 전혀 다르다. 원수를 사랑하라는 표현은 기독교 신앙의 핵심이지만, 분명 황금률과는 대립적인 의미를 갖는다. 더구나「누가복음」6장의 문장 흐름을 찬찬히 살펴보면 어색한 부분이 눈에 들어온다. 27절부터 30절까지 소위 사랑의 윤리를 설파하다가, 31절에는 다시 황금률에 대해 언급하고, 다시 35절에는 사랑의 윤리로 돌아온다.

46 대한성서공회,『개역개정 열린성경』, 아가페출판사, 9쪽, 99쪽.

그렇다면「누가복음」6장은 잘못 씌여진 것인가? 31절은 잘못 삽입된 것일까?

여기서 리쾨르 해석학의 진수가 드러난다.「누가복음」6장처럼 호혜성과 사랑의 논리를 병치시키는 것은 성경이 가진 특수한 수사법이 있기 때문이며, 따라서 이러한 문장구성은 현대 철학의 논리와는 다른 차원의 함의를 갖는다. 이것을 밝혀내는 것이 리쾨르 해석학의 목표이다.

우선 리쾨르는 여기서 두 가지 질문을 스스로 던진다. 첫째는 어떻게 사랑에 대한 성경적 표현이, 특히 시적 표현들이, 윤리적 의무로 전환하는가? 둘째는 사랑과 호혜적 정의가 양립할 수 있는 근거는 무엇인가?

첫 번째 질문에 대답은 성경 수사학을 통해 찾아진다. 위에서 잠시 살펴본 것처럼 구약의 시편에 등장하는 표현들이나 신약에 등장하는 바울의 서신들 중에는 시적인 은유가 특별한 성경적 문체를 통해 서술된 경우가 많다. '아가서' 문체가 대표적인 예이다. 그리고 그것의 내용은 사랑의 계명이다. 예를 들면「누가복음」6장에서도 사랑을 명령하는 문장이 나오는데, 이것이 과연 우리의 일상에서 사용하는 명령문과 같은 의미인가? '창문을 열어라'라는 문장과 '원수를 사랑하라'라는 문장은 같은 명령문의 행동규칙을 요구할까? 그렇지 않다. 이 문장은 이른바 시적 담론의 형식으로 해석해야 하며, 사랑의 명령문은 성경에서 강조하는 은혜의 질서를 함축한다.

이 부분을 이해하기 위해서 리쾨르는 「창세기」 1장 31절을 예로 든다. "하느님이 손수 만드시고 모든 것을 보시니, 보시기에 참 좋았다"라는 표현에서 "좋다"라는 서술은 모든 피조물을 포함하는 초윤리적 차원의 서술이다. 인간도 피조물로서 부름을 받았다는 것을 여기서 발견할 수 있으며, 더 중요한 것은 인간이 서로 의존하고 있다는 의식이다. 즉 창조라는 표현은 신과 인간이 서로 마주하는 존재라는 것을 암시하며, 이를 통해서 서로 배려와 존경을 해야 한다는 윤리적 의미를 함축한다. 이런 논리로 보면 사랑하라는 표현도 인간이 신에게 의존하고 있다는 초윤리적 은혜 질서를 표현한 것이다. 초윤리적 질서가 선행하고 그에 따라서 호혜성으로 표현되는 황금률, 즉 인간관계의 질서가 뒤따라 나오는 것이다.

둘째, 위의 연장선에서 사랑의 명령과 호혜성 서로 대립되지 않는다. 특히 「누가복음」 6장 31절에 등장하는 황금률은 앞과 뒤에 위치한 사랑의 명령에 의해서 보완된다. 그래서 리쾨르는 이 문장에서 사랑은 관대함이라고 해석한다. 관대한 사랑이 있어서 호혜성은 공리주의로 전락하지 않게 된다. 예를 들어 「마태복음」 7장에 나오는 '남에게 대접받고 싶은대로 남을 대접하라'는 논리에 사랑의 질서가 생략된다면 이것은 얄팍한 공리주의에 불과하다. 왜냐하면 내가 먼저 남에게 선을 베푸는 것도 결국은 내가 그만한 대가를 받기 위한 것일 수 있기 때문이다. 이것은 초월적 질서를 배제하는 실리주의에 불과하다. 즉 '눈에는 눈', '이에는 이'라는 전형적인 함무라비 법전의 가치관을 대변하기 때문이다. 대접받기 위한 것이 초월적인 것에 의해서 뒷받침될 때 「마태복음」 7장의 가르침도 비로소 종교적 성스러움으로 승화된다. 이런 맥락에서 「누가복음」 6장 31절은 논리적 모순이 아니며, 실수로 삽입된 것도 아니다.

> "신약의 계명과 황금률의 결합을 통해서만 그리고 더 일반화시킨다면 사랑과 정의의 상승작용을 통해서만 이런 결과를 얻을 수 있다."[47]

지금까지 검토한 리쾨르의 해석학을 롤즈의 정의론에 적용해 보자. 롤즈는 정의의 두 번째 원칙을 '최소 수혜자의 원칙'이라고 명명하면서,[48] 그것이 가능한 근거를 무지의 베일에서 찾고 있다. 그런데 무지의 베일에 갇혀 있는 개인이 이러한 선택하는 것은 얄팍한 공리주의 아닐까? 아무것도 모르는 개인들이 혹시라도 자신이 세상에 태어나서 가장 가난하게 사는 사람이 될지도 모른다는

47 뢰쾨르, 최현 역, "사랑과 정의," 『시민과 세계』 7호, 2005, 참여사회연구소, 511쪽.

48 롤즈의 정의론은 홍알정 시리즈의 7권에서 롤즈, 노직, 마이클 샌들과 함께 자세히 다룰 것이다. 우선 급한대로 롤즈의 정의론 중에서 '제2의 원칙'의 대해서 이해하려면 롤즈, 『사회정의론』, 이학사, 2016, 2장 12절을 참조하라.

얄팍한 계산을 하고서는, 그것을 피하는 방법의 하나로 최소수혜자의 원칙에 동의하는 것은 아닐까? 이런 맥락에서라면 무지의 베일에 앉아 있는 개인은 합리적 선택을 한 것이 아니다. 여기에 리쾨르가 개입한다. 최소수혜자의 원칙이 공리주의로 전락하지 않고 사회통합을 유지할 수 있는 원칙으로 성립하기 위해서는 사랑의 명령이 도입되어야 한다. 왜냐하면 우리가 상대를 배려하고 그들의 열악한 삶의 조건을 개선시켜야 한다는 명령에 동의하는 이유는 내가 그런 처지로 전락할지 모른다는 불안감이 아니라, 사랑의 질서를 인정하기 때문이다.

이러한 사랑의 질서가 반드시 성경 안에서만 이루어지는 것은 아니다. 리쾨르는『기억, 역사, 망각』[49]이라는 저작에서 은혜의 질서를 대신하여 선물경제라는 용어를 사용한다. 선물경제는 원시부족 단위의 정치질서에서 '선물주고-받기'라는 관행을 가리키는 개념이다. 그런데 리쾨르는 이것이야말로 공리주의를 넘어서는 호혜성의 관계라고 해석하며, 현대사회에도 선물경제의 논리가 실현되어야 한다고 주장한다. 왜냐하면 자본주의 시장경제를 운영함에 있어서, 사랑의 명령은 황금률(사회정의)을 고양시키는 중요한 기반이 되기 때문이다.[50]

49 Ricoeur, *La Memoire, l'histoire, l'oubli*, Paris, Seuil, 2000.

50 이와 관련하여 다음 논문을 참조하라. 김혜령, "폴 리쾨르의 선물경제 개

이러한 사고방식은 대표적 후기 저작인 『타자로서 자기 자신』에서 극명하게 드러난다. 특히 7장을 주목할 필요가 있다. 여기서 우선 그는 윤리와 도덕을 구분하면서, 전자는 좋은 삶을 추구하는 것이라면 후자는 인간의 의무를 추구하는 것이라고 설명한다. 전자의 대표적인 학자가 아리스토텔레스라면 후자의 대표적인 학자는 칸트이다. 그러면서 리쾨르는 단호하게 도덕의 문제보다는 좋은 삶의 문제를 먼저는 다루는 것이 정의론의 핵심과제라고 주장한다. 그런데 아리스토텔레스에게 좋은 삶은 우정관계를 통해서 성립한다. 리쾨르가 독해한 아리스토텔레스의 우정은 호혜성의 다른 이름이다. 이런 맥락에서 그는 레비나스의 타자개념을 비판한다. 레비나스의 타자는 정의의 토대를 구축할 때 호혜성의 균형을 무너뜨렸다는 것이다. 레비나스는 상호 주체적인 관계를 망각하고 오로지 타자에게 주도권을 준다. 명령의 주도권이 타자에 있으니, 당연히 나는 수동태가 될 수밖에 없다, 이러한 불균형은 서로 주고-받음의 균형을 파괴할 것이다. 보다 극단적으로 표현하면, 얼굴을 통한 가르침도 내가 받아들이지 않는다면 불가능해진다. 타자에 대한 배려, 혹은 얼굴에 대한 대면도, 결국 내가 실천해야 가능해진다. 그렇다면 나와 타자의 관계는 동등하게 존중되어야 한

념으로 살펴본 사랑과 정의", 『현대유럽 철학 연구』 39, 2015.

다. 내가 있어야, 나의 선함이 있어야, 타자도 있는 것이다.

> "교환에서 주는 능력이 타자의 수도권 자체에 의해서 해방되지 않는다면, 어떻게 그와 같은 가르침은 주고받는 교환의 변증법 속에 들어갈 수 있단 말인가? 그런데 그 능력이 타자의 명령을 듣지 않을 정도로 자기 자신을 싫어하지 않는 존재로부터 솟아오를 수밖에 없다고 생각되는 선함의 능력이 아니라면 어떤 능력일 수 있겠는가?"[51]

물론 리쾨르가 얘기하는 '선함의 능력'이란 타자의 얼굴이 나에게 명령하는 바를 받아들일 수 있는 능력이다. 타자가 명령하더라도 내가 듣지 않는다면 수행-역량은 성립되지 않는다. 즉 윤리적 관계는 성립하지 않는 것이다. 그래서 리쾨르가 이 지점에서 제안하는 것이 바로 배려이다. 이 개념은 하이데거의 마음씀에서 온 것으로 보이나[52], 그 내용은 성경적인 의미에서 은혜와 가깝다. 그리

51 리쾨르, 김웅권 역, 『타자로서의 자기자신』, 동문선, 2006, 255.

52 『존재와 시간』에 등장하는 하이데거의 용어 Sorge를 번역하면 마음씀적 배려이다. 하이데거는 개인 간의 마음씀을 Sorge로, 사회적 관계에서의 마음씀을 Besorge로, 국가 수준의 미음씀을 Fursorge로 표현한 바 있다. 이 점에 대해서는 홍성민, "감정구조와 한국 사회," 한울 엠플렉스, 2022,

고 그 표현 방식은 다른 사람에 대한 연민과 공감으로 나타난다. 이것은 차라리 루소나 쇼펜하우어의 지적 유산을 받은 것으로 보인다. 지적인 배경이 이처럼 다양하지만, 리쾨르가 궁극적으로 주장하는 것은 내가 타자의 고통을 보고 연민을 느끼고(1차적 단계), 나아가 공감을 하게 되면(2차적 단계), 새로운 인간관계를 만들어내고, 이것이 궁극적으로 은혜의 시혜(=증여)를 실천하게 만든다는 것이다(3차적 단계). 레비나스가 강조했던 타자의 얼굴이 리쾨르에 와서는 타인을 향한 공감(배려)으로 바뀌었다.

여기가 끝이 아니다. 리쾨르는 정의란 추상적인 개념만으로는 실현 불가능하며, 반드시 사회적 제도가 성립되어야 한다고 강조한다. 이것은 롤즈의 입장을 받아들인 것이다. 제도는 국민, 민족, 지방 등의 배경을 전제로 경제적-정치적으로 함께-살기의 구조를 만들어낸다. 또한 제도를 강조하는 것은 얼굴의 2차원성을 넘어서 익명의 3차적 구조를 지향하기 위한 것이다. 이것이 진정한 의미에서 다원성의 문화이다. 내가 모르는 사람, 나와 직접 마주하지 않은 사람도, 보편적인 호혜성의 원칙 아래서 더불어 살아갈 수 있는 것은 바로 제도화의 힘이다. 이것을 통해서만 정의론은 보편적인 원칙이 될 수 있다.

1부 1장 참조.

결론적으로 리쾨르의 사상에는 세 가지 구성요소가 존재한다. 즉 은혜의 축-인간의 공감능력-사회제도가 그것이다.[53] 이런 면에서 사랑의 의미가 보다 확장되었다고 볼 수 있겠다.

> "정의는 내가 보기에 두 가지 측면에서 고찰된다. 하나는 선함의 측면인데, 이 측면은 제도들로의 상호 개인적인 관계의 확장을 나타낸다. 다른 하나는 법적인 측면인데, 사법적 체계는 법에 구속의 일관성과 당위성을 부여한다."[54]

53 리쾨르의 정의론에 대해서는 필자의 글을 참고하라. 홍성민, "감정구조와 한국사회: 통합과 상생의 정치를 찾아서," 한울 엠플렉스, 2022, 1부 2장.

54 리쾨르, 김용권 역, 『타자로서의 자기자신』, 동문선, 2006, 265쪽.

3장 | 니버

라인홀드 니버의 대표작을 꼽으라고 하면, 그것은 분명 『도덕적 인간과 비도덕적 사회』이다. 이 책은 기독교적 인간 본성을 기초로 하여 현실정치를 해석하는 기준을 제시하고 있다. 나아가 이 책은 국제정치 현실주의에 철학적 기초를 마련했다. 예를 들어 카(E. H. Carr)가 저술한 『20년의 위기』라는 책은 1930년대 유럽의 국제정치를 현실주의 관점에서 고찰한 책인데, 카는 서문에서 자신의 사상적 원류가 라인홀드 니버라고 밝히고 있다. 그렇다면 니버가 기초한 기독교적 현실주의란 무엇일까? 그는 기독교의 목사임에도 불구하고 어떤 이유에서 기독교 신앙을 비판하면서 새로운 해석을 제시하게 된 것일까?

이 점을 이해하기 위해서는 그의 또 다른 저작을 살펴보아야 한다. 기독교를 해석한 그의 저작은 많이 있지만, 가장 이해하기 쉽고 분명한 논리가 등장하는 책은 『기독교 윤리의 해석』이다. 여기에는 기존의 기독교를 "정통 기독교"와 "자유주의 기독교"로 구분하면서 신학이론의 한계를 지적하고, 성경을 현대적인 관점에서 새롭게 해석해야 한다고 주장한다. 이때 새로운 관점을 일컬어 니버는 "예언적 해석" 또는 "계시적 해석"이라고 부른다. 예언적 혹은 계시적이라는 형용사의 의미는 성경을 문자 그대로 해석하는 것이 아니라, 신화적인 내용으로 받아들이고 그 현대사회에 맞게 적용해야 한다는 뜻이다. 기존의 신학이론들은 성경을 시대를 초월한 진리로 인식해 온 탓에 현실의 정치와 경제 문제에 적절한 윤리적 기준을 제공하지 못했다고 비판한다.

이러한 신학적 반성을 통해서 니버는 정치와 경제에 나타나는 사회문제를 해결하기 위해서 현실주의적 입장을 가져야 한다고 주장한다. 현실주의적 입장이 무엇인지는『도덕적 인간과 비도덕적 사회』에 잘 정리되어 있다. 그래서 필자의 판단으로는『기독교 윤리의 해석』을 통해 니버의 기독교 인간관을 간략히 정리한 후,『도덕적 인간과 비도덕적 사회』를 통해 현대사회에 나타나는 사회문제를 기독교적 관점에서 어떻게 대응할지를 살펴보는 것이 유용한 방법이다.

우선『기독교 윤리의 해석』부터 간략히 정리해 보자. 이 책은 강연집이다. 그래서 상대적으로 읽기에 쉽다. 논리 전개가 분명하다는 뜻이다. 그리고 서문에서 이 책의 주제가 복음서의 절대적 윤리로부터 어떻게 사회윤리를 끌어내는 것이 가능한가를 밝히는 것이라고 말하고 있다.[55] 그리고 2장에서는 예수의 윤리는 한마디로 사랑이며, 이것은 기본적으로 실용주의적 사상과는 거리가 멀며, 가족과 인종과 계급을 넘어서는 보편적인 성격을 띤다고 주장한다. 칼 바르트는 예수의 윤리를 현대사회에 적용할 수 없다고 말한 바

55 니버, 곽인철 역,『기독교 윤리의 해석』, 종문화사, 2019, 45쪽.

있는데, 이러한 경향은 내세 지향적이며, 궁극적인 구원이라는 신학적 관점으로 귀결되곤 했다. 바로 이 점을 니버가 비판하는 것이다. 즉 기존의 기독교 사상이 정의나 평화와 같은 현실 문제에 적절한 기준을 제시하지 못했으며, 이로 인해 복음서가 현실적인 담론으로 자리 잡지 못했다고 비판한다. 한마디로 기독교의 윤리가 뜬구름 잡는 소리로 전락했다는 것이다. 그래서 성경에 대해 새로운 해석이 필요하며, 기독교를 현실 속에서 살아 움직이는 윤리의 기준이 되도록 해야 한다.

이를 위해서 그는 죄의 개념으로부터 사상적 작업을 시작한다. 죄의식은 기독교 사상에서 수많은 분파를 만들어 낸 핵심 개념이다. 죄의식을 어떻게 정의 내리는 가에 따라 기독교가 세상을 바라보는 시각이 달라진다. 이와 관련하여 기왕의 흐름을 두 가지로 정리할 수 있다. 첫째는 정통 기독교의 입장으로 인간은 스스로 원죄로부터 벗어날 수 없으며 오로지 하느님의 은총만이 필요하다. 둘째는 자유주의 기독교의 입장으로 금욕주의와 율법을 통해서 예수의 윤리를 실천할 수 있으며, 이를 통해서 현실에서 하느님의 나라를 만들 수 있다. 니버는 이 두 가지 입장을 모두 비판한다. 즉 전자는 지나친 비관주의이며, 후자는 지나친 낙관주의이다. 그리고 두 가지 입장을 넘어설 수 있는 자신의 관점을 예언주의적 종교라고 부른다.

"기독교가 정치에서 실패한 많은 원인들 중 가장 근본적인 것은 기독교가 영원성을 위해서 시간성과 역사성을 희생시키거나 역사의 상대성에 궁극적인 의미를 부여함으로써 예언적 종교의 변증법을 파괴하는 경향이 있기 때문이다. 정통 기독교는 전자를, 자유주의 기독교는 후자를 향했다. (중략) 전자의 경우 '세상은 악하다'라는 사실은 현존하는 사회질서가 설립한 불완전한 정의는 무엇이든 만족하고 수용하기 위한 변명으로 제시되었다. (중략) 반면에 후자는 정치의 문제들을 감상적인 도덕주의의 관점에서, 그리고 사회생활의 구조적-비도덕적 요소들이나 사회정의의 기계적-기술적 전제조건들에 대한 이해를 결여한 채 접근하였다."[56]

그렇다면 니버의 죄의식은 무엇인가? 그에 따르면 죄의식이란 "삶을 그것이 지닌 총체적 자원에서 평가하는 결과이며, 자아가 삶의 본질과 관련되어 있으며 동시에 분리되어 있다는 것을 발견한 결과물이다." 총체적인 차원이라는 말은 하나님에 대한 의식과 죄의식이 인간의 행위에 동시에 작동한다는 의미이다. 그래서 인간은 하나님이 베푼 사랑과 자신의 이기심을 일상에서 항상 느끼고 살아간다. 그리고 삶의 본질과 관련되면서도 분리되어 있다는 표

56 니버, 『기독교윤리의 해석』, 187쪽.

현은 인간이 자신의 유한성을 느끼게 되면, 결국 무한성의 존재인 하나님의 존재를 인정하게 된다는 뜻이다. 따라서 악은 인간의 악한 의지 때문에 생겨나는 것이다. 다시 말해 인간의 본성에는 자유의지라는 것이 있고, 이를 바탕으로 자신의 한계를 초월하려는 영혼의 자유를 발견한다. 물론 이를 위해서 인간은 끊임없는 자기성찰이 필요하다. 선과 악은 언제나 자기성찰을 통해서만 분별할 수 있으며, 이러한 과정 자체가 종교적 경험이다.

니버의 글이 매우 논리적이기는 하나, 신학적 내용을 잘 모르는 사람들에게는(필자를 포함하여) 이해하기가 쉽지는 않다. 더구나 지루하기도 하다. 그러니 여기서는 되도록 핵심 내용만을 정리하려고 애쓰고 있다.

위의 논리적 흐름을 한마디로 정리하면 인간은 유한성의 존재인데, 그러한 사실을 망각하는 것이 죄의 결과라는 것이다. 더구나 자신의 유한성을 절대적인 형태로 바꾸려고 노력할 때 나타나는 형상이 바로 국가, 문화, 계급 등이다. 더구나 국가 간의 제국주의 또한 이러한 유한성의 왜곡된 형태이다. 즉 인간은 자신의 유한성을 극복하고자 하면서 유한한 가치들을 절대적이라고 주장하는 오류를 범하게 된다. 이것이 현실사회를 불행에 빠지도록 만드는 근본적인 이유이다. 여기서 니버가 들고 있는 예시들이 정치학을 공부하는 사람들에게는 많은 시사점을 준다. 그는 1930년대에 세계평화를 외치며 등장했던 국제기구들이 진보된 성과물이라고 생각하지 않는다. 오히려 그것은 권력을 가진 자들이 자신의 가치를 세계에 강요하는 것에 불과하다. 과거 로마제국과 스토아철학이 함께 탄생했으며, 프랑스 혁명과 나폴레옹의 제국주의가 함께 나타닌 것도 이와 비슷한 현상이다.[57] 이렇게 놓고 보면 니버는 기독교 신학을 바탕으로 복음서뿐만 아니라 인류의 역사를 새롭게 해석하고 있는 것이다.

> "인간이 이루어 낸 모든 사회적 평화들과 여전히 얻으려고 노력하는 모든 사회적 평화는 언제나 팍스 로마나(Pax Romana)의 한 형태에 불과하다. (중략) 그것은 일부 인간들이 세운 질서기관이 강요한 평화이며, 그 기관에는 평화에의 의지의 베일 아래 힘에의 의지를 감추고 있는 제국주의적 야망이 내재되어 있다."[58]

결국 니버가 제시하는 죄의식은 인간의 허영심과 유사하다. 그렇지만 그것을 현실에서 극복하는 방식은 이중적이다. 이중적이라는 말은 기존의 해석을 모두 넘어서는 제3의 길을 제시한다는 뜻이다. 지금까지 강조되어 온 기독교의 윤리는 첫째로 기독교의 사랑으로 하나님의 나라를 만들겠다는 낙관론이다. 그런데 이것은 제국주의적 야망을 은폐하고 있다. 둘째는 하나님의 은총만이

57 니버, 『기독교 유리의 해석』, 종문화사, 135쪽.

58 니버, 『기독교 윤리의 해석』, 종문화사, 139쪽.

나를 구원할 수 있으며, 인간의 자유의지와 현실적 정의론은 모두 무의미하다는 비관론이다. 그럼 낙관론과 비관론을 넘어설 수 있는 방법은 무엇인가? 그것은 예언적 기독교의 자세를 선택하여 기독교의 윤리와 현실의 문제를 절충하는 것이다. 예언적이란 말의 의미는 성경이 일종의 신화적 비유이며, 그것으로부터 현실 문제에 적용될 수 있는 기준을 찾으려는 태도를 가리킨다. 그 대표적인 대상이 정치-경제적 평등과 관련된 문제들이다. 서로 충돌하는 이해관계를 해결하여 화합할 수 있는 기준을 제시하는 것도 기독교가 대응해야 할 책임이다. 이러한 문제의식에서 탄생한 책이 바로 『도덕적 인간과 비도덕적 사회』이다. 이제 그 내용을 살펴보도록 하자.

우선 『도덕적 인간과 비도덕적 사회』의 내용을 한마디로 정리하면, 인간의 도덕성에 기반한 철학과 신학은 권력정치를 제대로 이해하지 못하고 있으며, 윤리적 원칙에 충실할수록 이상사회는 실현불가능하다는 것이다. 집단의 이기심은 개인들의 윤리와는 차원이 다르며, 오로지 세력균형을 통해서만 해결될 수 있다. 그래서 니버는 서문에서 가장 먼저 공격할 대상으로 종교적 자유주의와 세속적 자유주의를 꼽고 있다. 이 책에서는 기독교 신학과 더불어 세속의 철학적 이론도 비판한다. 전자는 기독교의 복음을 전 세계에 전파하게 되어 모든 사람이 기독교 신앙을 갖게 되면 세계의 평화가 실현될 것이라는 이른바 복음 중심주의 기독교 신앙이다. 후자는 인간의 이성을 계몽하게 되면 세계평화가 실현될 것이라고 보는 칸트식의 세계평화론이다. 윌슨의 국제연맹주의도 여기에 속한다. 이 두 가지 사상은 1930년대 니버가 활동하던 시대를 주도하던 대표적인 사상이며, 당대에는 곧 세계적인 수준에서 풍요와 평화가 달성될 것이라는 낙관론이 지배적이었다. 그러나 니버가 보기에 이러한 낙관론은 매우 위험스러운 것이었다. 실제로 이 책이 출간된 이후 곧 나치즘이 득세했고, 제2차 세계대전이 발발하여 윌슨의 국제연맹은 실패하고 말았다

그렇다면 왜 니버는 낙관론을 경계했을까? 그는 기독교 목사였음에도 불구하고 신앙 속에서, 하느님의 주관 아래, 세상의 일이 잘 풀려갈 것이라는 생각을 왜 갖지 못하였을까? 그의 대답은 간단하다. 서론의 첫 줄에 그 대답이 있다. 즉 개인의 도덕과 사회적 도덕은 서로 다른 차원이기 때문이다. 이런 점에서 기독교 자유주의나 세속적 자유주의는 개인 수준의 도덕을 목표로 한 사상인 셈이다. 그가 도덕주의자를 공격할 때 그 대상은 개인적 수준의 도덕만을 논의하는 사람들이다. 그럼 왜 개인 도덕을 중요하게 생각하는 자유주의자들은 비판을 받아야 하나? 니버에 따르면 인간의 집단행동 중에는 인간의 이성이나 양심으로 통제될 수 없는 요소들이 있으며, 사회정의를 실현하기 위해서는 반드시 정치권력이 개입되어야 하기 때문이다. 예를 들어 계급투쟁의 문제나 제국주의 지배는 그에 대항하는 정치권력이 조직되지 않은 채, 이성과 양심만으

로는 정의를 실현할 수 없다.[59] 좀 더 구체적으로 말하자면, 사회적 불의는 이해관계에서 비롯되는 것이기 때문에 이성이나 양심에 기반한 권고만으로는 해결될 수 없다. 왜냐하면 인간의 이성도 결국 한 시대가 만들어 낸 이해관계에서 완전히 자유로울 수 없기 때문이다. 그러니까 도덕교육이나 종교적 전파를 통해서 해결할 수 없는 사회문제가 있다는 사실을 인정해야 한다.

> "종교적이건 합리주의적이건 모든 도덕가들에게 결여되어 있는 것은 인간의 집단행동의 야수적 성격과 모든 집단적 관계들에서 이기심과 집단적 이기주의의 힘에 대한 이해이다. 그들이 필연적으로 비현실적이고 혼란된 정치사상에 빠지게 되는 이유는 모든 도덕적인 사회 목표들에 대해서 집단의 이기주의가 얼마나 완강하게 저항하는지를 제대로 인식하지 못하기 때문이다."[60]

따라서 현실사회가 전쟁상태에 놓여 있다는 점을 인정해야 한다. 강제력에 의존하지 않은 채, 집단 간의 이해관계를 조정하고, 국가를 유지할 수 있는 방법은 없다. 강제력과 힘의 균형을 배제한 채, 사랑만으로 사회통합을 이루어 낸다는 생각은 매우 순진한 발

59 니버, 이한우 역, 『도덕적 인간과 비도덕적 사회』, 문예출판사, 2017, 43쪽.

60 니버, 『도덕적 인간과 비도덕적 사회』, 문예출판사, 2017, 51쪽.

상이다. 더구나 종교가 한 국가에 종속되어 있는 상황에서, 다른 국가에 특정한 종교를 전파하는 것은, 기독교적 관점에서는 복음의 전파이겠지만, 현실정치에서는 제국주의로 전락할 가능성이 크다. 더구나 종교적 관용이라는 것도 정치적 구조 안에서 형성되는 것이다. 즉 종교에도 집단적 한계가 있음을 인정해야 한다. 특히 그가 보기에 국제정치는 권력의 논리에 의해서 움직이는 대표적인 영역이다. 여기서는 정의라는 것이 집단 간의 힘의 논리에 의해서 결정되는 경우가 보통이다.

그럼에도 불구하고 종교적 자유주의는 이러한 점을 간과한 채 성경적인 관점에서 국제정치의 사례를 분석하고 있다. 대표적인 사례가 복음주의자들이다. 그들은 기독교 복음을 전 세계에 전파하는 방법으로 평화가 달성될 것이라고 기대했지만, 니버가 보기에 그러한 평화는 강대국의 문화적 지배가 될 수밖에 없다. 그래서 니버는 순수한 종교적 이상주의를 극복해야 한다고 강조한다. 왜냐하면 십자가의 승리가 사랑의 상징이겠지만, 이것은 현실에서 실현될 가능성이 없기 때문이다. 그는 심지어 교회와 국가가 모두 십자가를 기만했다고 말한다. 이러한 입장은 교회의 목사들이 받아들이기 힘든 발언이었다. 그래서 그는 목사에서 파문당하기도 했다.

물론 윤리적 이상주의는 종교에만 국한된 것은 아니다. 도덕과 자유에 대한 이상주의도 인간의 합리성에 지나치게 기대를 걸어

온 까닭에 실패할 것이다. 그가 '빛의 자식'과 '어둠의 자식'[61]이라는 이분법적 도식을 통해서 비판한 것은 근대 자유주의 정치철학의 순진한 발상이다. 물론 니버는 자유민주주의 체제를 가장 이상적인 정치체제로 인정한다. 그렇지만 그는 사람들 사이의 경쟁과 자유의지가 발현되는 체제로 민주주의를 인정한 것이지, 사람들이 스스로 공적관계를 위해 자신을 희생할 것이라고 본 것은 아니다. 그래서 그는 주로 애덤 스미스, 로크, 벤담으로 이어지는 자유주의 사상가들을 비판한다. 예를 들어 애덤 스미스가 제시한 '보이지 않는 손'이라는 개념은 개인들의 이해관계를 넘어서는 이익의 조화가 가능할 것이라는 믿음에서 탄생한 것인데, 이것은 인간의 욕망에 내재하는 권력의 의지를 제대로 파악하지 못하고 있다. 자신의 이해관계를 극대화시키려는 욕망과 사회적 공익을 위해 자신의 이익을 절제할 수 있을 것이라는 기대는 로크나 벤담에게서도 계속된다. 로크는 자기 자신을 보존하기 위해서는 법을 준수하며 타인의 이익을 침해하지 않을 것이라는 전제로 개인소유권을 인정한 바 있다. 또 벤담은 자신의 이익을 극대화하면서 타인의 이해관계도 인정할 것이라는 기대를 전제로, '최대다수의 최대이익'이라는 공리를 주장한 바 있다. 그러나 이러한 도덕적 책임감에 대한 기대

61 라인홀드 니버, 오성현 역, 『빛의 자녀들과 어둠의 자녀들』, 종문화사, 2017.

는 순진한 발상일 뿐이다. 니버는 이를 두고 '빛의 자녀'들이 가진 어리석음이라고 표현한다. 도덕주의와 이상주의가 바로 빛의 자녀들이라는 메타포로 표현된 것이다.

흥미로운 사실은 마르크스에게도 이러한 어리석음이 존재한다. 니버가 보기에, 혁명을 통해서 노동자들을 위한 사회를 만들면, 사적 이익보다는 공적 이익을 위한 사회가 가능할 것이라고 상상했던 마르크스도 여전히 인간의 권력의지에 대한 통찰이 부족했다. 그의 눈에는 애덤 스미스가 주창한 자유주의나 마르크스가 주장한 사회주의가 똑같은 이상주의에 빠져 있다. 따라서 '어둠의 자녀'들은 사악함이나 비도덕성을 의미하지 않는다. 오히려 어둠의 자녀들은 인간들이 본성적으로 가진 삶의 의지와 권력 욕구를 정확히 이해하고 있으며, 현실에서 어떤 방법을 통해서 사회 조화를 이룰 수 있을지 정확히 파악한 사상을 지칭한다. 그런 의미에서 빛의 자녀와 어둠의 자녀들이 동시에 존재해야 한다. 전자가 윤리적 이상주의를 의미한다면 후자는 권력에 대한 현실주의적 태도라고 부를 수 있겠다.

> "민주주의 문명을 보존하기 위해서는 뱀같이 지혜롭고 비둘기 같이 해악이 없는 태도가 요구된다. 빛의 자녀들은 어둠의 자녀들이 가진 지혜로 무장해야 한다. 하지만 이때 어둠의 자녀들이 가진 악의로부터는 자유롭게 남아 있어야 한다. 빛의 자녀들은 인간사회에서

사적 이익이 지닌 힘을 알고 있어야 한다."[62]

위의 인용문은 마키아벨리가 제안했던 비르투(virtu) 개념과 매우 유사하고, 베버가 주장했던 신념윤리와 책임윤리의 대비와 거의 동일하다. 이런 맥락에서라면 니버는 힘의 정치를 주장한 사상가로 간주될 수 있겠다. 아마도 여기까지만 읽는다면 그럴 만도 하다. 그러나 역시 그는 기독교 목사였으며, 그의 사상은 궁극적으로 기독교의 사상을 포기하지 않는다. 그의 사상은 사랑과 용서라는 개념으로 확장되고 있다. 그는 분명 사랑의 정치라는 범주에 포함되는 사람이다. 그렇다면 니버가 주장한 사랑과 용서는 어떤 의미를 갖는가? 그것의 정치적 함의는 무엇인가?

그는 근대 합리주의 철학이 한계를 인정하게 되면 그에 대한 대안으로 기독교의 사랑이 필요하다고 강조한다. 기독교의 사랑과 하나님에 대한 신앙은 인간 본질에 대한 탐구와 관련되며, 현존의 초월성을 가능하게 만드는 유일한 방법이다. 비로소 사랑 안에서, 사회가 요구하는 도덕적 규칙을 넘어서, 인간은 분열된 자아가 만들어 낸 욕구와 권력의지를 초월할 수 있는 길을 발견할 수 있다. 그렇다면 어떻게 사랑이 사회적 규범의 역할을 할 수 있을까? 사랑

62 니버, 『빛의 자녀들과 어둠의 자녀들』, 종문화사, 2017, 63쪽.

은 분명 명령이 아니다. 그러나 사랑은 현실세계에서 초월의 세계로 이행할 수 있는 유일한 방법이며 이를 통해서 인간의 본질이 실현된다. 더구나 사랑은 인간성 안에 내재된 본성이다. 그래서 지적이거나 합리적인 추론이 아니라 인간 의지를 통해서 자연스럽게 발현된다. 물론 인간의지는 사랑뿐만 아니라 권력과 욕망으로도 구성된 까닭에 인간은 분열과 저항을 할 수밖에 없다. 그러나 분열 뒤에는 사랑의 목소리를 듣게 될 것이라는 것이 니버의 진단이다.

욕망과 권력이 에로스에 해당한다면, 하나님에 대한 사랑은 아가페에 해당하며, 에로스에서 아가페로 이행하는 것이 인간의 구원이다. 인간 본성은 타인과 관련되어 있는 삶이며, 그러므로 내세 지향적인 사랑이 아니라 타인 지향적인 사랑이 필연적으로 나타나며, 이것이 사회적 규범으로 자리 잡을 수 있다. 이것은 마치 전쟁터에 나간 군인이 죽음을 피하기 위해서 용기를 내어 전투에 임하는 것과 유사한 태도이다. 군인의 용기가 군사공동체의 문화와 개인의 영혼이 만들어 낸 결과물이듯, 사회 조화를 위한 아가페는 사회공동체의 문화와 개인 영혼의 성숙이 만들어 낸 결과물이다.

사회적 규범으로서 사랑이 실천되는 전형적인 예가 용서이다. 용서는 합리성과 도덕적 규범이 기능을 상실할 때 사회통합을 위해 종교가 제시할 수 있는 가장 거룩한 선물이다. 이것은 자신의 악함을 깨닫기 때문에 타인의 악함을 무조건 수용하려는 사랑이 있을 때만 가능하다. 니버가 보기에 현대사회의 갈등이 과거보다 더욱 심해진 이유는 합리성이 발달하여 인간의 허영심이 과거보다 더욱 증폭되었고, 허영심에 대한 경계가 더욱 은폐되었기 때문이다. 허영심이 인간의 원죄이며, 허영심의 다양한 표현이 바로 정치적 파국(독재, 제국주의, 빈곤 등등)이다. 타인을 지배하는 것이 권력의지의 결과라면, 이것을 극복하기 위해서 도덕적 규범을 제시하는 것만으로는 부족하다. 도덕성과 합리성이라는 것도 결국 인간 허영심의 한 양태에 불과하다. 자유주의와 사회주의 모두 계급적 이해관계가 내재된 이데올로기이며, 이것은 궁극적으로 인간에 의한 인간의 지배를 지속시킬 뿐이다. 따라서 자신의 동료를 불쌍히 여기고, 타인의 아픔을 포용할 수 있는 자세가 있어야만 한다. 이것을 가능하게 만드는 것은, 모든 사람이 하나님 앞에 죄인이라는 자각이며, 이때 등장하는 것이 하나님의 사랑이다.

물론 이러한 사랑이 현실사회에서는 신비롭게 들릴 수도 있다. 더구나 어둠의 자녀들이 가진 지혜를 가져야 한다는 주장과는 사뭇 다른 것으로 들리기도 한다. 그럼에도 불구하고 니버가 초월성을 강조하면서 하나님의 사랑과 타인에 대한 용서를 강조하는 까닭은 인간성을 넘어서는 신성한 영역이 없다면 현실사회의 조화가 제대로 실현될 수 없다고 생각하기 때문이다. 필자가 판단하기에, 합리적 인간성과 종교적 신성성은 마치 빛의 자식과 어둠의 자식에 대비되는 두 가지 정치적 요인이라 하겠다.

> "공통된 인간성의 명백한 특징들에 의해서만 유지되는 인본주의는 갈등의 심화가 이처럼 명백한 유대관계들을 파괴하거나 모호하게

만들 때 무너져 버린다. 세속주의가 궁극적인 목적이자 자족적인 가치를 고수하려고 하는 인간성들은 그야말로 그것들을 넘어서 뻗어가는 가치체계에 의존한다."[63]

63 니버, 『기독교 윤리의 해석』, 종문화사, 2017, 273쪽.

4장 | 묵자: 동양에서 사랑의 정치

기독교에서 말하는 사랑과 묵자가 말하는 사랑은 같은 개념일까? 서양에서 말하는 신과 묵자가 거론하는 귀신은 같은 뜻일까? 이러한 비교가 재미있을 듯하고, 서양과 동양의 비교를 통해서 현대사회에 주는 함의를 찾아내는 일도 의미 있어 보인다. 일단 사랑에 해당하는 묵자의 개념을 살펴보자. 묵자는 겸애라는 단어를 사용한다. 무슨 뜻인가? 묵자가 지은 글은『묵자』라는 이름으로 번역되어 있고, 여기에 "겸애"라는 장이 3편 등장한다. 첫 번째 장에서 "겸애"가 등장하는 대목이 가장 많이 인용된다. 여기서 묵자는 인간관계에서 혼란이 생겨나는 이유가 서로 사랑하지 않는 것에 있다고 말한다.

> "혼란이 일어나는 원인을 살펴보면 그 이유는 서로 사랑하지 않기 때문이다. 신하와 자식이, 임금과 어버이에게 효도하지 않는 것이 이른바 어지러움이다. 자식이 자기만을 사랑하고 아버지를 사랑하지 않는다면 아버지를 덜어서 자기를 이롭게 할 것이다. 아우가 자기 자신만을 사랑하고 형을 사랑하지 않는다면 형을 덜어서 자기를 이롭게 할 것이다. 신하가 자기만을 사랑하고 임금을 사랑하지 않는다면 임금을 덜어서 자기의 이익을 꾀할 것이다. 이것이 이른바

어지러움이다."[64]

인용문에 '덜다'라는 단어가 의미심상하다. '덜다'라는 말은 손해를 입힌다는 뜻이다. 이를 통해서 유추해 보면 나의 이익을 위해 상대방에게 손해를 주기 때문에 혼란이 시작된다. 그리고 손해의 발생은 가족관계에서부터 가문과 가문, 그리고 임금과 신하, 나아가서는 국가와 국가 간에도 발생한다. 그래서 싸움이 생기고 전쟁이 발발하는 것이다. 따라서 서로 사랑하면 이러한 혼란이 사라진다고 묵자는 처방하고 있다. 단순한 논리이다. 그렇다면 어떻게 사랑하는 감정이 실천될 수 있을까? 그 대답은 위의 인용문에 이미 나타나 있다. 상대방에게 손해를 끼치지 않고, 서로가 이익을 나누어 가질 수 있는 상태가 바로 사랑이다. 그런 의미에서 겸애란 외면적으로는 '널리 사랑한다'는 뜻이며, 내면적으로는 '서로 이익을 동등하게 나누어 가진다'는 뜻이다.

"하물며 두루 평등하게 서로 사랑하고 서로 이롭게 하는 것이 이것보다 어려운 일인가? 더구나 남을 사랑하면 남도 따라서 반드시 나를 사랑할 것이며, 남을 이롭게 하면 남도 따라서 반드시 나를 이롭게 할 것이며, 남을 미워하면 남도 따라서 반드시 나를 미워할 것이

64 묵자, 기세춘 역, 『묵자』, 바이북스, 2009, 494쪽.

며, 남을 해치면 남도 따라서 반드시 나를 해칠 것이니 여기에 무슨 어려움이 있다는 말인가?"[65]

위의 인용문을 보면 묵자의 기본 사상은 공리주의에 가깝다. 내가 너에게 손해를 끼치지 않으면 너도 나에게 손해를 주지 않으며, 내가 상대에게 이익을 주면 상대도 나에게 이익을 줄 것이라는 것이다. 현대 심리학에서 자주 거론되는 대중심리학의 일면이 드러나 보인다. 이것을 좀 더 발전시켰더라면 묵자는 정치심리학의 시조가 되었을 법한데, 심리적인 것에 대한 사색은 별로 없다. 오히려 그의 관심은 이익을 극대화시키는 방법에 모아진다. 예를 들어 '비공'편에서 정책 수단으로 '서로 이해관계를 증대시킨다'는 논리가 노골적으로 등장한다. '비공'은 말 그대로 남을 공격하지 말라는 것이다. 왜 공격하지 말라고 할까? 비록 정당한 전쟁이라고 하더라도 전쟁을 통해서 사람의 목숨을 빼앗는 일은 서로에게 손해가 되기 때문이다. 더구나 군자나 현인이 의를 위해서 목숨을 내놓는다는 유가의 논리도 비판한다. 묵자는 유가에게 이렇게 묻는다. '도대체 의와 불의를 어떻게 구분할 수 있는가?'

결국 묵자의 눈에는 의를 결정하는 기준이 매우 주관적으로 보

65 묵자, 기세춘 역, 『묵자』, 바이북스, 502쪽.

였기에, 이익이라는 객관적인 척도를 제시한 것이다. 그래서 전쟁을 일으키고 백성을 죽음으로 몰아가는 일은 매우 어리석은 짓이다. 여기서 어리석다는 말은 손해가 발생한다는 말로 바꾸어도 무방하다. 묵자에게 의로움이란 오직 생존과 관련되어 있으며, 이것을 넘어서는 대의는 없다. 또 전쟁에서 승리하여 대의를 이루고 명예를 얻었다 해도, 백성들이 잃어버린 재물과 이익을 보전할 길이 없다. 철저한 공리주의 사고이다. 이러한 논리의 연장선에서 묵자는 사해만민의 통합을 주장하기도 했다. 여기에는 계급과 국가를 넘어서는 평등주의와 국제주의의 냄새가 물씬 풍긴다.

손해를 보지 않고, 서로가 이익을 나누어 가져야 한다는, 겸애의 논리는 유가를 비판하는 대목에서 절정에 이른다. '비유' 편에서 묵자는 유가의 예법과 장례절차에 대해서 극렬히 비판한다. 3년 상을 강조했던 공자의 예법을 공격하면서, 그런 예절은 죽은 사람이 살아 있는 것으로 착각하는 것이라고 말한다. 그리고 제사예법이 가난한 사람에게는 너무 많은 비용을 쓰게 만들며, 3년 동안 죽은 부모를 위해서 상복을 입는 것은 노동해야 할 시간을 낭비하는 것이다. 유가 비판은 음악을 금지해야 한다는 주장에서 극점에 달한다. 공자는 '예악'이라고 칭하면서, 음악을 통해서 예를 몸에 익힐 수 있다고 강조한 바 있다. 그런데 묵자가 보기에 악기를 만드는 데 많은 시간과 비용이 소모되고, 이러한 악기는 주로 가난한 백성의 노동시간을 빼앗는 것이며, 결국은 귀족들이 즐기는 착취의 구조를 만들어 낼 뿐이다. 결국 음악이란 노동과 대비되는 여가의 시간일 뿐이고, 먹고 사는 것이 절실한 당대의 현실에서 대단히 비효율적인 놀이에 불과하다. 더구나 그것은 귀족계급의 허식이다. 이러한 맥락에서 보면 묵자의 사고는 약자를 위한 사상이며, 묵자의 눈에 비친 유가사상은 지배계급의 이데올로기이다.

그렇다면 그의 정치관은 어떤 것이었나? 약자를 위한 경제적 평등주의가 겸애라는 개념에 들어 있다면, 정치도 평등주의적 입장을 고수했을까? 여기에는 두 가지 상반된 면이 존재한다. 우선 그의 정치관은 엘리트주의적인 색채가 강하다. 즉 강력한 군주가 필요하며, 이를 통해서 정치통합이 비로소 가능하다는 견해를 피력하고 있기 때문이다. 반면 귀족들이 관직을 물려받는 관습을 비판하면서 능력에 따라서 정치적 공과를 분배해야 한다는 점을 강조한다. 이것은 소위 능력주의의 관점에 해당한다. 이처럼 상반된 두 가지 논리가 등장하는 대목을 간략히 인용하면서 그의 본뜻을 음미해 보도록 하자.

> "이처럼 나라가 다스려지는 원인은 무엇인가? 그것은 군주가 나라의 도리를 하나로 화동시켰기 때문이다. 이로써 나라가 다스려지는 것이다. (중략) 천하가 다스려진 까닭이 무엇인가 살펴보면 천자가 능히 천하의 뜻을 하나로 통일할 수 있었기 때문이다."[66]

66 묵자, 기세춘 역, 『묵자』, 바이북스, 459-460쪽.

"착한 사람이 상을 받고 포악한 사람이 벌을 받는다면 이것만으로도 나라는 반드시 다스려질 것이다."[67]

첫 번째 인용문은 뜻을 하나로 모은다는 의미이다. '상동' 편에 등장한다. 정치는 여러 개의 의견을 하나로 모으는 것이다. 더구나 의사소통의 구조는 위에서 아래로 향한다. 군주는 자신을 보좌하는 재상을 뽑고, 재상은 향장과 가군을 채용한다.[68] 즉 권력 구조에 위계가 분명하다. 이러한 맥락에서 상동은 민주적 질서가 아니다. 여기서 '별(別)'이라는 개념이 등장한다. 묵자는 '서로 다름'을 인정해야 한다고 가르친다. 즉 지배층이 하는 역할이 있고, 중산층과 하층계급의 역할이 따로 있다. 오늘날의 용어로 말하자면 '차이'가 존재하는 것이다. 그렇지만 두 번째 인용문을 음미해 보면 의사 수렴의 방식이 반드시 상명하복만은 아니다. '별'이 신분이나 관직을 의미하지 않기 때문이다. 착한 사람과 포악한 사람의 구분은 관직과 신분을 넘어서 오직 그들의 행위 결과를 두고 판단된다. 그래서 하층계급이 능력을 발휘한다면 그에 걸맞게 포상하며, 지배층이라도 잘못을 저지르면 벌을 받아야 한다. 이것이 능력주의 아닌가? 그래서 묵자는 과거 성왕들의 공적을 칭찬하면서, 선정의 기준은

67 묵자, 기세춘 역, 『묵자』, 바이북스, 480쪽.

68 묵자, 기세춘 역, 『묵자』, 바이북스, 482쪽.

친척이나 용모 때문이 아니라, 그가 가진 능력 때문이었다고 기술한다. 즉 비록 신분이 낮은 촌부라도 능력에 따라 천자로 삼을 수도 있고, 삼공으로 삼아 정사를 맡길 수도 있다고 단언한다.[69]

다음 인용문은 지배계급의 논리를 옹호한 입장과 능력주의에 입각한 정치관을 보여준 묵자의 양면성이 잘 드러난 문장이다. 즉 "다스릴 수 있는 자"라는 표현은 능력주의적 관점에서 해석이 가능하며, '장관과 고을의 수장'이라는 표현은 관직에 위계질서가 있음을 가리키며 이를 통해서 지배계급의 논리가 우선한다는 점을 분명히 한 것이다.

> "그러므로 가히 나라를 다스릴 수 있는 자로 하여금 나를 다스리게 하고, 장관으로 부릴만한 사람으로 하여금 장관으로 삼고, 고을을 다스릴 만한 사람으로 하여금 고을을 다스리게 했으니 무릇 나라와 관부와 고을을 다스리는 사람들은 모두 나라의 어진 사람이었던 것이다."[70]

한편 묵자가 생각하는 귀신은 무얼까? 2부의 주제가 서양의 기독교 전통과 정치의 관계를 탐구했던 만큼, 서양의 신과 동양의 신

69 묵자, 기세춘 역, 『묵자』, 바이북스, 448쪽.

70 묵자, 기세춘 역, 『묵자』, 바이북스, 425-426쪽.

의 개념을 비교하는 것이 흥미롭지 않을 수 없다. 묵자의 '명귀' 편에 이에 대한 대답이 있다. 우선 귀신은 정치를 판단하는 기준이다. 그리고 착함과 포악함을 구분하고, 그에게 상을 내리는 주체이다. 이러한 입장은 과거 주나라 시대의 정치관을 완전히 벗어나지 못했음을 의미한다. 고대 국가 시대에는 정치에 정당성을 부여하는 것이 신이었고, 군주는 정책을 펼치기 전에 반드시 점술을 통해서 신의 의도를 파악해야만 했다. 그런 의미에서 고대정치는 바로 신정정치였다. 그런데 춘추전국시대에 진입하면서 이러한 신정정치의 시대가 서서히 종말을 고하고, 새로운 방식으로 정치의 정당성을 확보하고자 한다. 대표적인 사상가가 바로 공자였다. 그는 정치의 근간이 백성을 위한 것에 있다는 사상을 설파함으로써, 이른바 위민 정치의 모범을 만들었다. 그리고 묵자 또한 신정정치의 틀을 벗어나 백성의 이익을 위해서 정치를 해야 한다는 새로운 모델을 만들어 보고자 한 것이다. 이것은 3부에서 살펴볼 한비자의 경우도 마찬가지이다. 그에게 정치 정당성은 국가의 생존이었으며, 이를 위해서 법에 근거한 통치를 해야 한다고 주장한다. 이러한 시각에서 보면 공자-묵자-한비자는 모두 신정정치를 탈피하여 새로운 형식의 정치를 주창한 시대의 선각자였다.

그런데 공자와 비교하여 묵자는 무엇이 다른가? 공자는 춘추시대를 살았던 사람이고, 묵자는 전국시대를 살았던 사람이다. 두 시대는 기본적으로 국가 구조가 확연히 차이가 난다. 춘추시대의 국가란 아직도 관습공동체의 수준을 넘어서지 못했고, 친족 중심의 부족국가의 범위를 넘어서지 못했던 것으로 추정된다. 반면 묵자의 시대는 국가 구조가 관료제를 통해 확대되고 있으며, 지방에까지 중앙의 권력이 미치는 수준이 되기에 이른다. 이에 따라서 국가를 통치하는 정당성의 차원이 달라질 수밖에 없다. 즉 공자가 농경시대를 벗어나지 못한 상태에서 인을 함양하고 사회적 예절을 확보하는 것으로 정치통합이 가능할 것이라고 생각했다면, 묵자는 경제구조가 심화된 시대를 살면서 개인 간에 이익을 조정하는 것이 중요한 쟁점이 되었기 때문에 관료정치를 통해 정치통합을 추구하려 한 것이다.

따라서 생산력을 증대시키고, 더 많은 이익을 창출하는 것이 중요해진 시대에, 묵자는 공자의 예법이 시대구조에 적합하지 않다고 판단했다. '절용'과 '절장'에서 의복을 간소하게 하고 장례식을 간략하게 할 것을 주장한 이유도 바로 여기에 있다. 삶의 방식이 크게 변화했으니 예절의 형식도 바뀌어야 한다고 주장한 것이다. 바로 여기서 귀신에 대한 묵자의 입장도 이해할 수 있다. 정치적 정당성이 추상적인 명분이나 예절이 아니라 이해관계를 조정하는 것으로 바뀐 만큼, 일반 백성들에게 옳고 그름을 이해하고, 그에 따른 상벌체계가 반드시 수반되어야 했다. 그런데 그것을 판단하는 기준이 인간이 아니라 신에게 있다는 것은 정당성의 위엄을 한층 강화시키는 역할을 할 수 있다. 왜냐하면 인간의 판단기준은 자신의 인식범위를 넘어서지 못하며, 친족과 가계를 벗어나지 못할 수 있기 때문에, 보다 객관적 기준을 제시할 필요가 있었다. 이러한 맥락에서 묵자의 신은 헤겔이 주장한 인륜성과 흡사하다. 즉 사회 공동체가 역사 속에서 인정해 온 관습규범과 같은 것이다. 그리고 묵자의 신은 백성들에게 신악의 결실을 실천하는 기준으로 작동했다. 이렇게 보면 신의 역할은 라인홀드 니버가 주장했던 초월성의 기능과도 유사해 보인다.

> "이같이 천하가 어지러운 것은 그 원인이 무엇인가? 그것은 모두 귀신이 있는지 없는지에 대한 분별에 의혹이 생겨 귀신이 능히 어진 이에게 상을 주고 포악한 자를 벌준다는 사실을 분명히 깨닫지 못하기 때문이다?"[71]

71 묵자, 기세춘 역, 『묵자』, 바이북스, 633쪽.

3부
힘의 정치

POLITICAL
PHILOSOPHY

힘의 정치는 중세를 마감하고 근대시대로 진입하던 시대에 발생한 정치적 이념이다. 이것을 대표하는 사람이 마키아벨리이다. 그는 이탈리아가 근대국가로 완성되기를 기원하면서 『군주론』을 집필했다. 이 책은 19세기 후반 독일의 정치 상황에 그대로 전수된다. 베버는 정치의 영역을 전문화해서, 생활세계와는 다른 정치윤리가 존재한다는 사실을 분명히 했다. 그리고 마이네케는 국가의 생존을 위해 외교정책을 실천할 수 있는 기준을 마련하고, 그것을 국가이성이라고 이름 붙였다. 한편 그람시는 노동자 운동을 실천하면서 하층계급의 동의를 구할 수 있는 방법을 고민했고 마키아벨리의 군주론을 현대적으로 재해석하려 한다. 이러한 서양의 지적 흐름은 전국시대의 혼란을 극복하고 강력한 군주국가를 완성하려 했던 한비자와 비교될 만하다.

1장 | 마키아벨리

마키아벨리가 살았던 이탈리아의 정치상황은 중세적 질서가 남아 있던 제후들의 시대였다. 프랑스와 영국이 영주들의 정치권력을 혁파하고 강력한 중앙집권 국가를 완성하고 있던 시기에, 이탈리아는 여전히 여러 개의 공국으로 쪼개진 채, 혼란을 거듭하고 있었다. 메디치가의 외교사절로 파리에 나가 몇 년간 근대국가의 모습을 경험했던 마키아벨리는 자신의 조국이 하루빨리 중세질서를 벗어나 근대국가로 이행하기를 바랐다. 이런 맥락에서 저술된 책이 바로 『군주론』이다. 정치적 격변기에 감옥에 수감된 마키아벨리는 우선 자신의 구명을 위해서, 그리고 당시 권력의 실세였던 로렌츠의 성공을 위해서, 나아가 이탈리아 반도의 통일을 위해서, 이 글을 썼다고 해도 과언이 아니다.

한편 마키아벨리는 로마시대를 이상적 정치체제로 동경하고 있었다. 특히 그의 후기 저작인 『로마사 논고』에서는 로마시대의 공화정을 바람직한 정치의 모범으로 묘사하고 있다. 그래서 학자들 사이에서는 『군주론』에서 주장하고 있는 강력한 군주권과 『로마사 논고』에서 제시하는 시민적 덕성이 서로 충돌하는 것이라고 해석하기도 한다. 그러나 필자가 보기에 마키아벨리 사상의 핵심은 근대국가를 건설하고 유지하기 위해 필요한 군주의 덕목, 귀족들의 덕목, 시민의 덕목이 무엇인가를 찾는 것이었다. 그런데 이 덕목에 해당하는 이탈리아어가 비르투이다. 따라서 마키아벨리의 사상을 한마디로 요약할 수 있는 개념이 비르투이며, 그 내용의 범위와 깊이를 가늠하는 것이 이 글의 목표이다. 우선 『군주론』에 등장하는 비르투의 의미를 문맥을 통해서 알아보도록 하자. 조금은 지루하겠지만, 이런 방식으로 개념을 정리하고 인지하는 것이 가장 효과적인 지적 훈련이라고 믿는다.

1장	그러한 영토를 획득하는 방법에는 타인의 무력을 이용하는 경우와 자신의 무력을 사용하는 경우가 있으며, 운명에 의한 경우와 역량에 의한 경우가 있습니다
3장	오히려 그들은 자신들의 역량과 현명함에서 비롯되는 이익을 취하는 것을 선호했습니다.
6장-1	현명한 사람이라면 위대한 사람들이 밟았던 길로 들어서거나 대단히 탁월했던 사람들을 모방함으로써 자신의 비르투가 그들에게 미치지 못한다면 적어도 그들의 냄새는 풍길 수 있어야 하기 때문이다.
6장-2	노련한 궁수는 자신의 활의 위력을 잘 알고 있기 때문에 좀 더 높은 지점을 겨냥하게 되는데...
6장-3	신생 군주가 있는 전적으로 새로운 군주국의 경우 그것을 획득하는 군주의 비르투의 다과에 따라 그 군주국을 유지하는데 있어서 부딪히는 어려움의 다과가 결정된다고 나는 말하고자 한다.
6장-4	행운이 아니라 자신의 비르투에 의해서 군주가 된 사람의 가장 탁월한 예로 나는 모세, 키루스, 로물루스와 테세우스 같은 사람들을 든다.
6장-5	그러한 기회를 가지지 못했더라면, 그들(키로스 등)의 위대한 정신력(virtu dello animo)은 탕진되어 버렸을 것이고, 그들의 역량이 없었더라면 그러한 기회는 무산되어 버렸을 것이다.
6장-6	따라서 이러한 사람들은 자신의 일을 추진하는 과정에서 큰 어려움을 겪게 되고 지나는 과정마다 여러 가지 위험에 부딪히게 되므로 이러한 것들을 비르투로써 극복할 필요가 있다.
7장	체사레에게는 엄청난 불굴의 정신과 비르투가 있었고, 그는 사람을 얻거나 버려야 하는 방법을 잘 알고 있었다.
8장-1	아가토클레스는 악행에도 불구하고 심신의 기백(virtu)이 넘쳤기 때문에 군내에 들어가서 모든 난세를 거쳐서 결국은 시라쿠사 군대의 사령관의 지위에 올랐습니다.

8장-2	그가 존속살해를 저지른 지 1년 뒤 체사레 보르자에 의해서 세니갈리에서 그는 비르투와 악행의 스승이었던 비텔로초와 함께 붙잡혀 교살당했다.
9장	시민형 군주국을 얻는 데에는 전적으로 비르투만도 아니고 전적으로 행운만도 아닌, 행운에 의해 뒷받침되는 재기(책략)가 필요하다.
11장	레오 교황은 착함과 무한한 덕성(비르투)으로써 이 자리를 훨씬 더 위대하고 존경할 만한 것으로 만들 것이다.
12장-1	베네치아인들이 본토에서 전쟁을 하자마자 그들은 용맹(virtu)을 포기하고 이탈리아의 전쟁관습을 따르기 시작했습니다.
12장2	그들이 세운 혁혁한 무훈(virtu)의 결과 이탈리아는 샤를 왕에게 공략당하고, 루이 왕에게 약탈당했으며, 페르난도 왕에게 유린당하고 스위스인들에게 수모를 당하게 되었습니다.
13장	로마제국에서 나온 모든 활력(virtu)을 고트족이 흡수했던 것입니다.
15장	모든 것을 신중하게 고려할 때 일견 미덕(virtu)으로 보이는 일을 하는 것이 자신의 파멸을 초래하는 반면, 일견 악덕으로 보이는 다른 일을 하는 것이 결과적으로 자신의 안정을 확보하고 번영을 가져오는 경우가 있기 때문입니다
16장	따라서 군주는 자신에게 해를 주지 않으면서 알려진 방식대로 너그러움의 비르투를 사용할 수 없기 때문에, 만일 그가 분별력이 있다면 인색하다는 평판을 염려하지 말아야 한다.
17장	한니발의 무한한 비르투와 함께 이 가혹성은 그의 병사들의 관점에서 그를 항상 존경스럽고 두렵게 만들었던 것이다.
19장	세베루스는 많은 비르투를 갖고 있어서 군인들과는 우호적 관계를 유지하고 백성들은 비록 억압했지만 항상 성곡적으로 통치할 수 있었다.
21장	군주는 또한 자신이 재능(virtu)이 있는 자를 아끼고 어떤 기예 분야에서 뛰어난 자를 우대한다는 점을 보여 재능의 예우자임을 과시해야 합니다.

25장	저는 운명의 여신을 험난한 강에 비유합니다. 운명은 자신에게 대항하기 위해서 역량(virtu)이 갖추어져 있지 않은 곳에서 그 위력을 떨치며, 자신을 제지하기 위한 아무런 제방이나 둑이 마련되어 있지 않은 곳을 덮칩니다
26장-1	앞서 말해듯이, 만일 모세의 비르투를 알기 위해서 이스라엘인이 이집트의 노예로 있었던 일이 필요했고...
26장-2	앞에서 언급한 이탈리아인들 중 누구도 영광스러운 전하의 가문이 성취할 것으로 기대되는 바를 성취할 수 없었다든지, 이탈리아인들의 군사적 동맹(virtu)이 더 이상 존재하지 않는 것처럼 보인다든지 하는 것은 놀라운 일이 아닙니다.
26장-3	비르투는 광포한 침략에 맞서 무기를 들고 전투를 짧게 할 것이다.

『군주론』에 등장하는 비르투[72]

한편 서양의 학자들은 비르투의 개념을 아래와 같이 정리하기도 한다. 대체로 그 함의는 군사적 힘, 결단력, 효율성, 판단력, 정치집단의 조직력, 무의미한 개념 등이다.

72 이 인용문은 박상섭 역, 『군주론』, SNUP 동서양의 고전 15, 2013과 강정인. 김경희 역, 『군주론』, 까치, 2015 등 두 권의 책을 참조해서 발췌했다.

마이네케(Meinecke)	군사적-정치적 성공을 가능케 하는 힘이자 국가건설과 보전에 관계되는 힘
챠보드(Chabod)	확고하고 즉각적인 행동 혹은 결단
스트라우스(Strauss)	도덕률과 관계없는 목표에의 합당성과 탁월성
본다넬라, 포콕(Bondanelle, Pocock)	무엇이 언제 어떻게 행하는 것이 옳은지 아는 재능
길버트(Gilbert)	잘 조직된 공동체가 갖추어야 할 기본 요소인 힘과 활력
휫필드(Whitfield)	체계적인 의미가 없음으로 구체적인 의미를 찾을 필요가 없다.

학자들이 정의한 비르투의 개념[73]

위에서 보는 바와 같이 비르투라는 개념은 직접으로 virtu라는 단어를 사용하는 경우도 있지만, 전혀 다른 표현을 통해서도 비르투의 개념을 지시하는 경우도 있다. 따라서 비르투의 개념을 정리하고 일목요연하게 설명하기 쉽지 않다. 그래서 여러 상황에서 맥락에 따라 다르게 사용된 개념들을 가장 잘 요약하고 있는 대목을

73 위에서 제시한 외국학자들의 견해는 진원숙의 저서 중에서 6장을 참조하여 요약한 것이다(진원숙, 『마키아벨리와 국가이성』, 1996, 신서원).

하나 선택해서 내용을 음미해 보도록 하자. 이러한 목적을 위해 깊게 읽어 볼 만한 곳이 바로 『군주론』 7장이다. 여기에는 '보르지아'라는 인물이 등장하는데, 마키아벨리는 이 사람을 새로운 군주의 덕목(비르투)을 갖춘 사람으로 간주하고 있다.

7장의 제목이 "타인의 무력과 운으로 얻어진 새로운 군주국"인데 마키아벨리는 보르지아를 타인의 무력과 운수를 빌어서 군주가 된 사례의 대표적인 사람으로 묘사하고 있다. 그렇다면 보르지아는 어떤 인물인가? 왜 마키아벨리는 그를 새로운 군주의 모범이라고 간주했을까? 그는 교황 알렉산더 6세의 아들이다. 교황은 자신의 아들을 군주로 만들어 보려고 했지만, 그를 군주에 앉힐 수 있는 영토가 없었다. 또 영토를 빼앗기 위해서 군사력을 키우려 해도 다른 봉건영주들이 이를 방관하지 않을 태세였다. 이런 상황에서 보르지아에게 영토를 확보해 주고 영주가 되도록 하는 방법은 무엇이었을까? 그건 바로 기존의 세력정치를 허물고 새로운 기회가 생기도록 정치적 혼란을 유도하는 것이었다. 한편 이 시기에 베네치아가 자신의 세력을 확장하기 위해서 프랑스군을 끌어들이려고 했는바, 바로 이것을 이용하는 것이 교황 6세와 보르지아의 전략이었다. 한편 그 당시 프랑스의 국왕 루이는 이혼문제를 두고 골치를 앓았는데, 이것을 교황 6세가 해결해 줌으로써, 보르지아는 프랑스군을 베네치아로 유도하는 데 성공했다. 그래서 보르지아는 프랑스 군대의 도움으로 로마냐 지방을 점령하고 콜론가를 굴복시켰다.

이때 보르지아는 두 가지 문제에 직면하게 된다. 첫째는 국내에서 자신이 끌어들인 군대의 충성심에 대한 의심이며, 둘째는 프랑스 군대의 충성심에 대한 의구심이었다. 좀 더 구체적으로 설명하면 로마냐 지방을 점령할 때 동원했던 군대의 구성원은 대부분 오르시니계의 사람이었다. 즉 보르지아의 고향 사람들이 아니었던 것이었다. 이들이 로마냐를 공격할 때도 뭔가 적극적으로 전투에 참가하지 않는 느낌을 받은 것이다. 둘째의 의심도 비슷하다. 지금은 프랑스 군대가 보르지아를 돕고 있지만, 군사적 연대가 언제까지 유지될까를 두고 걱정하지 않을 수 없었다. 특히 프랑스의 국왕 루이는 토스카나 지방을 쳐들어갈 때 공격을 반대하는 입장을 분명히 표시하기도 했다.

바로 이 시점부터 보르지아는 오르시아계 이탈리아 군대와 프랑스군과 거리를 두고 자신을 지지하는 사람들을 규합하기 시작한다. 특히 그는 매수나 회유를 통해서 오르시아군대에 있는 귀족들을 자신의 편으로 만들기 시작했다. 이때 재미있는 사건이 발생한다. 점령지의 조그만 마을이었던 마조네라는 곳에서 반란이 일어났는데, 이것의 배후에는 오르시아계 귀족들의 농간이 있었다. 보르지아는 이 반란을 프랑스 군대를 이용해 진압한다. 그리고는 오르시아계 군대가 화해를 제의했을 때, 보르지아는 이것을 받아들이는 척하면서 상대를 안심시킨 후, 시니갈리아라는 곳에서 대대적인 반격을 가하여 오르시아 군대를 궤멸시켜 버린다.

오르시아의 세력을 무너뜨린 후 보르지아는 이 지역의 주민들을 위해서 복지정책을 적극적으로 추진한다. 보르지아는 이 지역을 지배했던 오르시아 지배층이 정치적으로 무능했을 뿐만 아니라, 민중을 약탈하는 데 혈안이 되어 있었다는 사실을 알게 되었다. 그래서 민중들을 위한 정치를 하기로 결심하고, 이 지역 출신의 정치가인 레미로 데 오르코라는 인물에게 권력을 이양한다. 또 영내에 민사재판소를 두고 지방에 선출된 변호사를 두기도 했다. 이렇게 함으로써 그동안 폭력과 전쟁에 시달린 민중들에게 지금까지의 폭정은 모두 오르시아 지배층의 무능에서 비롯된 것임을 각인시켰다. 그리고 마지막에는 레리로 데 오르코라는 인물의 실정에 꼬투리를 잡아 그를 광장에서 처형하고 그의 칼과 함께 매달아 두었다. 이것은 그동안 폭정에 시달리던 이 지역의 주민들에게 울분을 풀어 주는 계기가 되었고, 새로운 지배자가 된 보르지아에 대한 지지와 존경을 이끌어내는 좋은 구실이 되었다. 이렇게 함으로써 보르지아는 이탈리아 내부에서 자신에 대항하는 경쟁자를 보기 좋게 제거한 것이다.

이제 남은 것은 프랑스의 루이 왕이었다. 보르지아는 새로운 외부의 지지자를 찾으려 했다. 그래서 프랑스가 에스파니아를 침공하려고 했을 때 그는 중립적인 자세를 취한다. 그리고 자신의 아버지였던 교황 6세와 협조하여 다음과 같은 네 가지 정책을 마련한다. 첫째는 모든 영지 지배자들의 혈통을 근절시켜 교황을 위협하지 못하도록 했으며, 둘째는 로마 귀족들을 포섭했으며, 셋째는 추기경 회의를 자신의 편으로 만들었고, 넷째는 교황이 살아 있는 동안 세력을 키워 외부의 힘을 빌리지 않을 수 있도록 대비하는 것이었다. 이 4가지 정책은 거의 실현되었다. 그리고 프랑스를 신경 쓰지 않아도 되는 상황에서 루카와 시에나 지방의 군주들이 보르지아를 두려워하게 만들었다. 이제 남은 것은 피렌체 뿐이었다. 그런데 마지막 변수였던 교황의 생존에 문제가 생겼다. 갑작스럽게 교황 6세가 서거한 것이다. 교황의 죽음으로 아쉽게도 그의 외교적 술책은 모두 물거품이 되고 말았다. 즉 그는 졸지에 프랑스와 에스파냐의 중간에 끼인 신세가 되어 버린 것이다

그러나 마키아벨리는 보르지아의 실패가 그의 잘못이라기보다는 아버지의 죽음으로 초래된 어쩔 수 없는 일이었다고 말한다. 마키아벨리에 따르면 보르지아는 가장 위대한 정치가였으며, 그의 정책들은 최선의 선택이었다.

"새로운 군주국을 적으로부터 방비하는 것, 자기 편을 늘리는 것, 힘 또는 속임수로 승리를 거두는 것, 민중으로부터 사랑받으나 또한 두려워하게 하는 것, 병사에게 명령을 따르게 할 뿐만 아니라, 동시에 존경을 받는 것, 군주에게 해를 끼치거나 끼치려는 자들을 말살하는 것, 낡은 제도를 새롭게 개혁하는 것, 엄격하면서도 정중하고 관대하며 능란한 것, 불충실한 군대를 패하고 새로운 군대를 조직하는 것, 왕이나 영주들로 하여금 존경심을 갖도록 하고 그들을 해칠 때는 은근히 하도록 친교를 맺는 것, 이 모든 너무나도 생생한 실

례는 다른 사람에게서는 찾아볼 수 없는 것이었다."[74]

우리는 7장에서 나타난 보르시아의 예를 통해서 몇 가지 주요한 내용을 확인할 필요가 있다.

첫째, 우리의 상식에 따르면, 마치 마키아벨리가 항상 강력한 군주권을 주장하는 것이라고 생각하기 쉬운데, 이것은 정치적 혼란을 틈타 새로운 국가를 건설하려는 시기에만 해당한다. 소위 '건국'의 시기에는 권모술수를 통해서 적을 제압하는 것이 필요하니, 이때에는 강력한 군주권이 허용된다. 그러나 국가 건설이 끝나고 정치적으로 안정기에 접어들면 법과 행정을 정비하고 민중을 위한 복지정책을 실현하는 것이 중요해진다. 이 시기를 이른바 '치국'의 시기라고 불러 볼 수 있는데, 이때의 군주권은 전제정치가 아니라 민중들의 의견을 수렴하는 공화정의 덕치와 유사하다. 따라서 마키아벨리는 군주가 건국의 시기와 치국의 시기를 구분해서 다르게 행동해야 한다고 주장한다. 현대적인 용어로 표현하면 정치적 혼란기와 정치적 안정기의 리더십은 다르다는 것이다.

둘째, 외교적 술수와 관련하여 국가이성의 개념을 새롭게 제시한 것이다. 국가이성이라는 단어가 마키아벨리의 저작에서 직접

74 마키아벨리, 임명방 역, 『군주론』, 삼성출판사, 1990, 7장.

등장하지는 않지만, 근대적 의미에서 국가이성의 개념을 제시한 최초의 인물로 평가받는다. 물론 국가이성이라는 말이 이전 시대에 없었던 것은 아니다. 예를 들어 귀차르디니(Guicciardini)와 델라 까사(Della Casa)와 같은 인물은 당대에 유명했던 이탈리아의 역사가들인데, 그들의 저서에서 이 단어를 마키아벨리보다 먼저 사용하고 있다. 그러나 이들이 사용한 국가이성은 종교적 색채가 여전히 남아 있었다. 즉 정치영역에서 예외적으로 도덕률을 벗어나는 통치행위가 가능함을 인정했지만, 그럼에도 불구하고 여전히 신에 대한 경건성과 정당성을 위한 행위여야 한다고 생각했기 때문이다. 그러나 마키아벨리는 정치행위와 종교적 도덕성을 완전히 분리하고, 정치영역의 독자적인 행동원칙이 있다는 점을 분명히 했다. 바로 이러한 맥락에서 마키아벨리의 국가이성은 새로운 사상의 시대를 연 것이다. 더구나 정치에서 국가이성의 원칙은 국가의 생존을 위한 것이라는 점을 분명히 했다. 통치행위는 신의 명령이나 군주의 사적 욕심에서 벗어나 국가를 위한 것임을 분명히 한 것이다. 따라서 군주가 가혹성을 발휘하고 두려움의 대상이 되고, 또 적을 제압하기 위해서 신의를 저버릴 수 있는 유일한 명분은 국가의 생존이다. 이것이야말로 근대적인 의미에서 현실주의 정치관이 탄생한 중요한 발상이다. 『군주론』 18장에는 마키아벨리가 주장한 국가이성의 개념이 잘 나타나 있다.

"무릇 군주라 함은, 특히 새 군주인 경우 나라를 유지하기 위하여서는 신의도 저버릴 줄 알아야 하며, 자비심을 버리고 인간미를 잃고 반종교적인 행동도 때때로 취하지 않을 수 없다는점을 생각해 두어야 하겠다. (중략) 또 앞에서도 말한 바와 같이 될 수 있으면 선의 길에서도 멀어지지 말아야 하겠지만, 필요할 때는 악의 길에도 서슴지 않고 발을 들여놓을 줄 알아야 하겠다."[75]

셋째, 마키아벨리는 군주의 가장 중요한 목표가 민중의 지지를 얻어내는 것이라고 말하고 있다. 이러한 관점에서 보면 마키아벨리 사상은 지배엘리트보다는 민중을 지향하고 있다. 이러한 태도는 9장에서 잘 표현되고 있다. 그는 여기서 군주가 되려면 두 가지 길이 있는데, 하나는 귀족의 지지를 얻는 경우와 다른 하나는 민중의 지지를 얻는 경우라고 구분한다. 그리고 이 두 가지 지지기반이 정치체로 나타나는데, 군주제와 공화제가 바로 그것이다. 군주제는 귀족과 민중들의 세력경쟁에서 양자 모두가 일방적인 승리를 확신할 수 없을 때 한 사람에게 권력을 몰아주면서 나타난다. 그리고 공화제는 민중의 세력이 강력하여 귀족의 권력을 압도할 때 나타난다. 물론 양자의 세력이 지속적으로 경쟁하게 되면 정치적으

75 마키아벨리, 임명방 역, 『군주론』, 삼성출판사, 1990, 81-82쪽. 밑줄은 필자.

로는 무질서의 상태를 벗어날 수 없다.

한편 마키아벨리는 민중의 지지를 받은 정치형태가 귀족의 지지를 받는 경우 사회질서가 안정된다고 평가한다. 왜냐하면 귀족의 욕망을 채우는 방법은 제3자를 헤치지 않고는 불가능하지만, 민중이 원하는 바를 충족시키는 것은 보다 온화하고 상식적이기 때문이다. 다시 말해 귀족들은 권력을 원하지만, 민중들은 그저 억압당하지 않는 것만을 원하기 때문이다. 또 귀족들은 자신의 이해관계에 따라서 눈치가 빠르고 비겁하게 행동하는 반면, 민중은 그렇지 않기 때문이다. 따라서 군주는 민중을 적으로 돌리게 되면 안전할 수 없다. 마키아벨리는 이러한 민중지향적 정치체제를 "시민형 군주국"이라고 불렀다.

> "결론적으로 말한다면 군주는 항상 민중을 자기 편으로 잡아두어야 하며, 그렇지 못할 경우 역경에 이르러서 구제할 방법이 없어진다는 것이다."[76]

넷째, 신하(귀족)와의 관계가 중요하다. 보통 마키아벨리의 『군주론』은 군주만을 위한 책이며, 리더십이 중요한 내용이라고 생각

76 마키아벨리, 임명방 역, 『군주론』, 삼성출판사, 59쪽.

하기 쉽다. 그러나 『군주론』은 건전한 국가를 만들고 유지하기 위한 책이다. 즉 국가론에 대한 책이라는 뜻이다. 그런데 마키아벨리는 국가의 조직과 성지질서가 건전하게 유지되기 위해서는 귀족과 평민 사이의 균형이 필요하다고 본다. 7장의 예에서도 보듯이 귀족들의 지지는 정치적으로 열세에 있을 때 군주의 권력을 강하게 만들어 주고, 이를 통해서 신속하게 외교정책을 수행할 수 있게 해주었다.

8장에서는 올리베로토라는 사람의 예를 들면서, 신하와 군주의 관계설정을 설명하는데 깊게 음미해 볼 만하다. 그는 자신의 고향에서 타 지역으로 멀리 유배되어 살다가 성인이 되어 고향이었던 페로모에 돌아와 그의 외삼촌과 부하들을 암살하고 권력을 잡는다. 그렇지만 그는 1년 후 보르지아에 의해서 처형되고 만다. 여기서 마키아벨리는 올리베로토와 아카토클레스라라는 그리스 시대의 군주를 비교한다. 두 사람 모두 간교함과 잔인함으로 정적을 제거하고 권력을 차지한 군주들이다. 그런데 아카토클레스는 군주가 된 이후에 권력을 유지했지만 올리베로토는 실패했다. 두 사람의 차이는 무얼까? 그것이 바로 부하들의 지지가 존재했느냐의 여부이다. 강력한 군주권도 부하들과 신하들이 지지하지 않는다면 성공하기 어렵다는 것이다. 이러한 예를 현대적인 언어로 표현한다면 야당의 지지를 획득할 수 있어야 대통령은 강력한 개혁정책을 수행할 수 있다. 이러한 맥락에서라면 『군주론』은 정당 정치론이라고 볼 수도 있겠다.

“잔악성이 계속되면 부하들도 군주에 대한 불신을 갖게 되며, 또한 그런 부하를 군주는 믿을 수 없게 된다.”(『군주론』, 8장, 57쪽)

위의 논의를 정리하면 다음과 같다.

1. 군주에 대한 통치술은 건국과 치국으로 나뉘는데 이것은 현대정치를 이해하는 데 중요한 기준이 된다. 이 점은 막스 베버가 계승발전 시켰다. 특히 베버가 강연한 『직업으로서의 정치』는 정치인의 과제와 자격조건이 무엇인지를 밝히고 있다.
2. 마키아벨리의 비르투 개념은 근대국가의 대외관계를 결정하는 데 중요한 기준을 제공했다. 특히 근대적인 의미에서 국가의 생존법칙이 국가 간의 외교정책에 중요한 판단기준이 된다. 이 점은 마이네케에 의해서 심화된다.
3. 마키아벨리는 민중의 지지를 획득하는 것이 국내 정치의 안정을 위해서 중요하며, 그 지지를 받는 방법을 연구할 필요성을 제기하였다. 이 점은 그람시에 의해서 계승 발전되었다.
4. 군주의 통치행위가 성공하기 위해서는 군주와 신하의 관계설정이 매우 중요하다. 즉 신하들의 지지를 얻어야 할 필요가 있지만, 동시에 신하를 통제하고 제압하는 방법도 필요하다. 이와 관련된 논의는 중국의 사상가 한비자의 저술을 통해서 비교 분석할 수 있을 것이다.

2장 | 베버

『직업으로서의 정치』는 베비가 말년에 사유학생연맹으로부터 초청을 받아 행한 강의록이다. 여기에서 그는 카리스마적 지배와 합리적인 지배가 통합되는 것이 민주정치를 위해 필요하다는 것을 강조한다. 카리마스적 지배가 군주 개인의 탁월한 능력에 해당한다면, 합리적 지배란 현대사회에서 등장한 관료제의 지배를 뜻한다. 베버가 보기에 합리화란 경제영역에서건, 정치영역에서건, 필연적으로 도래하는 역사의 법칙이지만, 여기에는 장점과 더불어 단점이 있다. 특히 정치영역에서의 합리화란 전문가들에 의해서 운영되는 것인데, 이것은 마키아벨리 시대에 영향력을 발휘했던 귀족정치(명망가 정치)가 사라지고 당파에 휩쓸리지 않는 전문가가 등장했음을 의미한다. 이런 맥락에서 관료제 정치는 현대 민주정치를 발전시키는 데 큰 역할을 했다. 그렇지만 좋지 않은 영향도 남겼는데, 그에 대해서 좀 더 구체적으로 설명해 보자. 관료들이란 정치를 전문적으로 하는 사람이고, 정치를 통해 생계를 유지하는 사람들이다. 그래서 정치적 신념보다는 자신의 이해관계를 중요하게 생각한다. 이런 경향은 결국 정치지도자들이 선출되는 과정을 왜곡시키게 되며, 궁극적으로는 민주주의를 훼손하는 방향으로 작동한다. 이렇듯 관료제는 장점과 단점을 동시에 가지고 있는 제도이다. 그럼에도 불구하고 관료제를 통한 정치의 합리화는 피할 수 없는 현실이다. 따라서 관료제의 단점을 극복하는 방법을 찾는 것이 관건인데, 베버는 소명을 가진 지도자가 출현하여 책임정치를 구현하는 길이라고 제안한다. 이런 점에서 베버의 정치관은 마키아벨리의 현대적 변형이며, 확대판이라고 볼 수 있겠다.

일단 『직업으로서의 정치』의 내용을 간략히 살펴보자. 우선 베버는 정치란 무엇인가라고 자문하고, 그것은 지도활동이라고 대답한다. 그 범위는 금융정책, 노동조합의 활동, 학교 정책들을 포함하지만, 현대사회에서 정치란 국가를 기본으로 하는 지도활동이다. 그렇다면 국가란 무엇인가? 국가란 정당한 물리적 강제력의 독점체이다. 국가가 강제력의 권리에 대한 유일한 원천이라는 뜻이다. 여기서 강제력의 권리라는 말이 중요하다.

이 대목에서 베버는 인간의 지배관계에 대해서 길게 설명하기 시작한다. 그에 따르면 국가가 존속하기 위해서는 지배자들의 요구에 피지배자들이 복종을 해야 한다. 이때 피지배자는 왜 복종하는 것일까? 베버에 따르면 내적인 정당화와 외적인 수단에 따라 서로 다른 유형의 지배-복종의 관계가 성립한다. 첫째는 관습에 복종하는 형태이며, 이를 전통적인 지배라고 부른다. 둘째는 개인의 천부적인 자질, 즉 카리스마에 근거하여 지배와 복종의 관계가 형성되는 경우이다. 셋째는 합법성에 의한 지배-복종의 관계가 있다. 법규에 따른 의무이행 속에서 복종이 시작되는 경우이다. 오늘날에 와서 공복이라고 불리는 사람들이 행하는 지배의 형태가 여기에 속한다.

베버는 카리스마 유형을 강조하면서, 이것이 과거에 있었던 정치형태였다고 설명한다. 여기에는 개인의 계시, 영웅적인 정신, 지도자의 특성, 인격적인 신뢰가 중요한 역할을 했다. 이 지점에서 베버는 마키아벨리적 정치형태를 염두에 두고 있는 것으로 보인다. 그런데 현대에 와서 카리스마적 형태가 변형되고 있다. 물론 카리스마적 지배가 완전히 사라진 것은 아니다. 전쟁지도자, 위대한 데마고그(민중선동가, 선동정치가), 정당 지도자 등이 여전히 카리스마적 행태를 보이고 있다. 그러나 베버의 관심사는 합리적 지배형태에 있고, 이 문제를 매우 길게 설명하고 있다.

우선 베버는 중세에서 근대사회로 진입하는 과정에서 가산제 관료였던 기사들이 어떻게 행정관료로 변신하게 되는가를 설명하고 있다. 과거에도 지배경영을 위해서는 행정이라는 것이 필요했고, 이를 위해서 군주는 물적 재화를 제공했다. 쉽게 말해 먹고 살 수 있도록 돈과 권력을 나누어 주어야 했다는 것이다. 따라서 이 당시 군주의 지배권은 돈과 물리력에 기반한 것이다. 그런데 근대국가가 성립되면서 이러한 돈과 물리력을 군주 혼자서 독점하던 시대는 지나고, 국가가 행정관료를 선출하고 관리하기 시작했다. 즉 군주 개인에게 충성하던 심복들이 사라진 것이다. 이것이 바로 근대국가의 특징이다.

> "다시 말하자면 행정 및 전쟁의 수행수단, 재정경영수단, 그리고 정치적으로 사용할 수 있는 모든 종류의 재화를 자주적으로 소유하고 있는 자들로부터 그것을 몰수할 준비가 군주 측에서 이루어지는 것

을 통해서, 근대국가의 발전은 본궤도에 올랐습니다. 이 과정 전체는 독립생산자들(의 소유물)을 서서히 몰수함으로써 행해지는 자본주의적 경영의 발전과 완전히 유사합니다."[77]

이것이 국가란 물리적 강제력의 독점체라는 말의 본뜻이다. 즉 물리적 강제력을 국가 수중으로 집중시켰고, 이것을 경영할 수 있는 수단을 정치지도자와 행정관료가 독점적으로 운영하는 제도장치가 바로 국가이다. 여기서 직업정치인들이 등장한다. 이제 종교나 개인의 권위에 의존하던 종복들은 사라지고, 신분적 연고에 의해서 충원되던 정치 심부름꾼도 없어졌다. 직업정치인은 한마디로 정치를 통해서 봉급을 받고 생존을 영위하는 사람들이다. 베버는 이들을 "정치에 의해서(Von)" 살아가는 사람들이라고 불렀다. 여기에 대비하여 과거의 정치꾼들은 "정치를 위해서(Fur)" 살았던 사람들이다. 과거에 정치를 위해서 살았던 사람들은 주로 성직자, 인문학자, 궁정 귀족, 도시 귀족, 법률가 등이었다면, 현대에 와서 정치에 의해서 살아가는 사람들은 정당, 신문, 협동조합, 지방 자치단체 및 관료들이다. 그리고 이들은 일정한 봉급과 함께 직책을 부여받게 된다. 이리하여 정치는 딜레탕티즘(아마추어정치)을 벗어나서

77 베버, 이상률 역, 『직업으로서의 정치』, 문예출판사, 1995, 69쪽.

전문가들에 의해서 움직이게 되었다. 그리고 전문가들은 주로 재정, 법률, 전쟁 분야에서 크게 활약하면서 이른바 "관료 대신"으로 성장하게 된다. 이렇게 보면 현대정치는 전문가들로 구성된 관료들과 선거를 통해서 선출되는 정치인들로 구성된다. 정치인들이 이념에 종속된 사람이라면, 관료 대신은 특정한 이념과 정파를 벗어난 사람들이다.

> "진정한 관료는 그의 본래의 직무에 따라서 정치를 해서는 안됩니다. 그는 무엇보다도 비당파적으로 행정을 해야 합니다. (중략) 진정한 관료는 분노도 편견도 없이 자기 직무를 처리해야 합니다. (중략) 왜냐하면 당파성, 투쟁, 격정-분노와 편견-은 정치가의 요소이기 때문입니다."[78]

관료와 정치인으로 현대정치를 이분한 것은 베버의 역사관과 밀접하게 연관된다. 그는 중세에서 근대사회로의 진입이 합리성의 진보이며, 이것은 피할 수 없는 역사의 법칙이라고 파악한다. 따라서 관료들이 성장하는 것은 정치영역에서 합리성의 필연적 결과이다. 그런데 베버가 우려하는 것은 다음과 같다. 즉 정치란 이

78 베버, 이상률 역, 『직업으로서의 정치』, 문예출판사, 1995, 92-93쪽.

념과 소명의식을 필요로 하는 영역인데, 합리성의 확장됨에 따라서 정책결정이 이해관계를 기반으로 이루어지게 되었다. 이로 인해서 정치 본연의 역할이 사라질 위험에 처했다는 것이다. 이런 맥락에서 베버는 행정관료[79]의 출현은 정치발전을 위해서 바람직한 현상이지만, 행정관료의 행동원칙이 당파성을 벗어나 이해관계를 충족시키려 한다는 점에서는, 정치발전에 역행한다고 본다. 즉 관료들은 정치의 양면성을 가지고 있는 셈이다.

베버가 영국, 미국 그리고 독일에서 정당이 관료들에 의해서 지배되어 가는 상황을 역사적으로 길게 추적하고 있는데, 그 이유는 현대 유럽정치의 특징이 바로 정당의 관료제화라고 파악했기 때문이다. 더욱이 이들이 정치영역에서 영향력이 커가면서, 대중들의 욕망을 조정하고, 정치인들을 민중들의 영웅으로 조작하는 현대판 카리스마 정치를 탄생시켰다. 행정관료들로 이루어진 위원회나 머신들은 자신들의 봉급과 관직을 더 많이 보증하는 정치인들에게 줄을 서게 되며, 정치인이 선거에서 승리해 자신들의 생계를 보장할 것을 요구하게 된다. 이제 정치인들의 이념과 신뢰가 실현되기 위해서는 행정관료들에 의존하지 않을 수 없으며, 이것은 현대정치가 갖는 모순이라고 하겠다. 즉 마키아벨리의 시각으로 보

79 베버는 이들을 위원회, 또는 기계라는 의미에서 머신(Maschine)이라고 부르기도 한다.

면 관료들은 치국에 필요한 인원이며, 합리적인 사람들이어서 그들을 두려워하거나 회유할 필요가 없다. 그런 의미에서 현대의 정당정치는 과거에 비해 진일보한 정치의 결과물이다. 그렇지만 관료들이 행사하는 권력의 역할이 오히려 정치인들의 사명을 압도할 수준에 이르게 된 것은 민주주의에 커다란 장애물이다.

한편 관료들이 만들어 낸 정치의 아이러니가 바로 보스(Boss) 정치이다. 정당의 우두머리가 되는 사람은 정치적 식견이 높거나, 신뢰가 두터운 사람이라기보다는, 행정관료에게 더 많은 보수를 보장하고, 선거에서 승리해서 더 많은 관직을 챙겨줄 수 있는 사람이다. 보스란 재계에서 경영자금을 조달할 수 있는 사람이 되는 경우가 많으며, 보수는 대중들에게 카리스마적 이미지를 전달하여 선거에 승리할 수 있는 사람이다. 물론 이러한 보스를 발굴하고 키워내는 조직은 바로 행정관료들이다. 바야흐로 군주의 시대는 가고 보스의 시대가 도래한 것이다.

"보스는 확고한 정치적 원칙을 갖고 있지 않으며, 신념이 전혀 없습니다. 그는 무엇이 표를 잡는가라고만 물을 뿐입니다. 그가 별로 많은 교육을 받지 못한 사람인 경우도 가끔 있습니다. (중략) 사회적으로 경멸을 받는 권력자들이 움직이는 이 신념 없는 정당의 구조가 바로 유능한 사람들을 도와서 대통령이 되게 한 것입니다."[80]

그래서 현대정치는 두 가지 선택의 기로에 서 있다. 즉 지도자 민주주의를 선택할 것인지, 아니면 자질이 없는 카리스마 정치를 선택할 것인지. 여기서 윤리의 두 가지 영역이 등장한다. 하나가 신념윤리이고 또 다른 하나가 책임윤리이다. 전자는 종교적이고 철학적 영역에서 개발된 윤리이다. 반면 후자는 정치의 영역에서 등장하는 윤리이다. 특히 후자는 정치적 결과를 책임질 수 있는 사람들의 태도이다. 이런 의미에서 책임윤리는 마키아벨리의 비르투와 유사하다. 왜냐하면 마키아벨리와 베버 모두에게 정치란 생존의 법칙이기 때문이다. 그러나 베버는 마키아벨리가 미처 생각하지 못한 것을 지적하고 있다. 즉 책임윤리를 통해 베버는 관료들의 영혼 없는 행동을 비난하고 있는 것이다.

베버가 걱정한 것은 정치가 점차 신념을 잃어가고, 오로지 경영의 논리로 타락하고 있다는 점이다. 그렇기 때문에 그는 정치인의 소명의식을 강조한다. 관료들이 이해관계에 매몰된 사람들이라면, 진정한 정치인은 역사의 소명을 깨닫고 정치가 나아가야 할 바를 제시하는 사람들이어야 한다. 그래서 정치인의 자격조건이 중

80 베버, 이상률 역, 『직업으로서의 정치』, 문예출판사, 1995, 117쪽.

요해진다. 베버가 제시한 조건은 정열, 책임, 목측 능력 등이다. 여기서 특히 그는 대의에 대한 정열적인 헌신이라는 점을 강조한다. 또 세속적인 허영심이나 사적인 권력욕을 벗어나서 조국의 운명을 개척할 수 있는 사람이어야 한다. 행정관료와 정치인이 동시에 존재하는 것이 현대정치의 특징이라고 한다면, 그들의 행동원칙도 신념윤리와 책임윤리가 동시에 작동해야 한다고 말할 수 있겠다.

> "확실히 정치는 머리로 하는 일입니다만, 그러나 절대로 머리로만 하는 일은 아닙니다. 이 점에서는 신념윤리를 따르는 자가 전적으로 옳습니다. 그러나 신념윤리를 따르는 자로서 행위해야 하느냐 아니면 책임윤리를 따르는 자로서 행위해야 하느냐 그리고 언제 전자를 또 언제 후자를 택해야 하느냐에 대해서는 누구에게도 지시를 내릴 수 없습니다."[81]

81 베버, 이상률 역, 『직업으로서의 정치』, 문예출판사, 1995, 151쪽.

3장 | 마이네케

우리 말 번역인『국가권력의 이념사』[82]는 원래 독일어 판본 Die Idee der Staatsrason을 옮긴 것이다. 독일어에 충실했다면 번역본은『국가이성의 이념사』가 되어야 했을 것이다. 그런데 번역자는 국가이성이라는 단어가 낯설게 느껴질 수 있을 것을 우려해 국가권력으로 번역했다고 역자 서문에서 밝히고 있다. 국가이성이라는 단어가 그리 낯설든가? 어쨌든 번역자는 이 책이 성숙한 마이네케의 대표작이라고 소개한다. 이 책은 국가이성의 변천사를 추적하는 역사학 서적이며, 정치적 배경을 다룬 정치학 책이다. 또 여기에는 국가이성의 개념적 형성과 변천, 그리고 반-국가이성의 인물들을 설명하고 있다. 그리고 마지막 장에서는 국가이성과 민족주의가 결합된 독일의 상황을 다룬다. 마이네케는 이 책에서 근대국가를 형성하는 물질적 토대와 더불어 그 안에서 작동하는 정신구조를 다루었다. 마이네케가 보기에 권력과 윤리를 종합해 가는 근대국가의 탄생과 확장은 유럽 정신사의 가장 핵심적인 주제이며, 역사학이 반드시 다루어야 할 내용이다. 그는 초기 작품이었던『세계시민주의와 국민국가』에서 전쟁을 치르더라도 근대적 국민

82 마이네케, 이광주 역,『국가권력의 이념사』, 한길사, 2010.

국가를 완성해 가는 독일의 도덕성을 의심하지 않았으나, 제1차 세계대전을 겪으면서 이러한 낙관론에 살짝 금이 가기 시작한다. 『국가권력의 이념사』는 전쟁에 패배한 독일을 지켜보면서 마이네케가 고민한 사상적 내용이 담겨 있다.

이 책의 서문에서 마이네케는 국가이성이란 국가행동의 기본원칙이라고 분명히 규정한다. 그리고 국가이성은 정치가들이 해야 할 일이다. 이렇게 보면 국가이성은 양면성을 갖는다. 첫째는 국가라는 유기체의 보편적 법칙이지만, 그 법칙은 시대의 구조와 환경에서 벗어날 수 없다. 마치 인간들이 시대의 변화에 적응하여 살아가듯이, 국가라는 유기체 또한 환경의 변화에 적응하여 생존한다. 이런 면에서 국가이성은 시대 변화에 적응하려는 생존법칙이다. 둘째는 정치하는 인간의 행동원칙이다. 그래서 마이네케는 지배자의 가치관과 민중의 욕망을 강조한다. 즉 지배자와 피지배자의 종합적 판단이 국가행동 원칙을 만든다. 이런 맥락에서 보면 국가이성이란 시대에 적응하려는 인간의 정치적 노력이다. 따라서 국가이성은 구조-개인이라는 양면성을 갖는데, 이것은 권력-도덕, 혹은 당위와 필연이라는 형태로 현실에 드러난다. 생존이라는 목적과 그것을 이루기 위한 수단적 가치 사이에 언제나 갈등이 생기기 마련이다. 그래서 마이네케는 국가이성이 빛과 어둠 사이를 끊임없이 오간다고 말한다.

"힘과 도덕이 하나가 되어 국가를 세우고 역사를 창출한다. 그러나

이 양자의 상호관계는 발전의 각 단계나 특히 정치가의 행동에서는 지극히 불투명하고 또 문제가 된다. 다시 한번 묻지만 정치가의 행위 속에 단순한 권력충동, 즉 지배하고자 하는 욕망과 야심은 어느 정도 들어 있는가, 또 권력충동은 정치가에 맡겨진 전체 복지에 관한 윤리적 고려에 의해 어느 정도까지 규제되는가. 이에 대해서는 분별과 생활 감정에 뿌리 내린 총괄적인 회답만을 그때그때 할 수 있을 뿐이다."[83]

여기서 마이네케는 두 가지 요인을 또다시 대비한다. 첫째는 정치가들의 권력충동이다. 인간이란 권력에 대한 필요성을 본능적으로 느끼는 존재이다. 그러므로 강인한 의지를 가진 인간이 국가이성의 원칙을 구성하는 실질적인 요인이 된다. 둘째는 국가 필요성이다. 국가가 대내외적으로 위기에 부딪혔을 때 특수한 방위수단을 마련하고 위기를 돌파하려는 투쟁을 하지 않을 수 없다. 이러한 위기상황이 정치가에게 행동원칙을 부여하는 경우이다. '불가피'라는 단어를 강조하고 있다. 두 가지 대조를 통해 그가 보여주려한 점은 결국 국가이성이 정치인의 개인적인 욕망인지 국가의 필연성에 대처하기 위한 선택인지를 구별하기 어렵다는 것이다. 그

83 마이네케, 이광주 역, 『국가권력의 이념사』, 한길사, 2010, 58쪽.

래서 그는 힘주어 말한다. 개인적인 성향을 억제하고 국가복지의 차원에서 이해관계를 실현하도록 노력해야 한다는 것이다. 왜냐하면 국가이성은 이타적인 헌신을 요구하기 때문이다. 이것은 초기 저작인『세계시민주의와 국민국가』에서 보였던 국가이성에 대한 낙관론과는 상당한 차이가 있다.

> "여기에서 다시 우리는 법이나 도의의 멍에에서 벗어나는 '국가의 필요'는 윤리적 측면과 동시에 원초적인 측면을 지니며, 국가란 윤리적 세계와 자연적 세계 동시에 서식하는 양서류임을 시인하게 된다."[84]

적어도 마이네케의 눈에는 국가이성의 공격성이 전쟁을 일으켰고, 이것이 자신의 조국을 불행으로 이끌어 간 원인으로 보인 것 같다. 그래서 국가이성은 궁극적으로 힘과 도덕 사이를 맺는 연쇄이며, 역사가는 이러한 이념의 충동이 도덕적으로 승화되어 가는 길을 모색하지 않을 수 없다고 말한다. 이러한 반성을 통해서 국가이성을 새롭게 조망한 책이 바로『국가권력의 이념사』이다. 이 책에서 그는 첫 번째 인물로서 마키아벨리를 다룬다. 국가이성의 원류로 돌아가, 국가이성에 대한 근본적인 성찰을 하기 위해서는, 근대적

84 마이네케, 이광주 역,『국가권력의 이념사』, 한길사, 2010, 73쪽.

사상의 출발점이었던 마키아벨리를 다루지 않을 수 없었을 것이다.

마이네케에 따르면, 국가이성의 개념은 그리스시대부터 존재해 왔다. 투키디데스의『역사』속에도 권력정치의 냉혹함이 정리되어 있으며, 아리스토텔레스의『정치학』5권에도 전제군주의 통치방법으로 이 개념이 등장한다. 또 로마시대에도 다양한 정치저술에 국가이성과 유사한 단어와 의미들이 나타난다. 그러나 마키아벨리가 사용하는 국가이성의 개념과는 약간 차이가 있었다. 왜냐하면 고대국가에서 국가이성이란 개인적인 통치술을 가리키는 것이었기 때문이다. 또 중세에서도 국가이성은 기독교에 의해서 배척받았다. 아우구스티누스는 정의가 없다면 국가란 절도조직에 불과하다고 말한 바 있는데, 이것은 중세의 지적 분위기를 잘 보여준다. 그런데 마키아벨리는 군주의 개인적인 처세술을 넘어서 국가의 생존을 중요시하는 사상의 출발점으로 등장한다. 마키아벨리의 시대에는 교황권과 황제권이 충돌하기 시작했고, 기독교 세계라는 보편적 왕국이 아니라 국민국가라는 개별적 조직에 대한 사고가 우세하게 되었던 시기이다. 여기에 발맞추어 국가이성의 개념이 변화된다. 이런 점에서 마키아벨리의 국가이성은 실정법과 자연법을 모두 초월하는 새로운 통치의 기준이 되기에 이른다.

고대에 존재했던 기독교적 보편성과 죄의식은 국가이성을 사악한 것으로 묘사했지만, 마키아벨리는 국가이성에서 종교적 색채를 완전히 탈색시켰던 것이다. 그리고 마키아벨리가 기독교의 죄의식을 대체한 사상으로 섭취한 자양분은 로마의 공화정이었다.

로마가 천년을 유지한 정치적 성공은 마키아벨리에게 강렬한 인상을 주었고, 그 원인을 파헤치는 과정에서 정치가의 비르투와 시민들의 덕성을 동시에 발견한다. 선자에 대한 저술이 『군주론』이었다면, 후자에 대한 저술이 『로마사 논고』이다. 여기서 마이네케는 정치가의 비르투를 1차적인 것으로, 시민들의 덕성은 2차적인 것으로 파악한다. 즉 서열이 있다는 것이다. 재미있는 발상이다. 이렇게 함으로써 마이네케는 마키아벨리가 지배자의 입장을 강조하는 사람이라고 해석한다.

> "이렇듯 덕성을 근원적인 덕성과 파생적인 덕성으로 구별한 것은 마키아벨리의 정치적 목표를 전체적으로 이해하는 데 중요한 의의를 지닌다. (중략) 그가 공화국마저 개개인의 위대한 군주적 성격의 소유자나 조직자의 힘이 없이는 생겨날 수 없었을 것이라고 생각하는 한에서 그의 공화주의적 이상은 처음부터 군주주의적 색채를 띠고 있었다."[85]

이런 의미에서 마키아벨리는 도덕적 선과 정의라는 것도 결국은 강력한 군주권에서 만들어지는 것이며, 국가보다는 개인의 지

85 마이네케, 이광주 역, 『국가권력의 이념사』, 한길사, 2010, 95쪽.

배적인 역량이 더 중요하다고 생각한다. 그래서 근대적 국가이성이 개인의 지배력에 의해서 좌우된다고 평가한다. 그리고 마키아벨리의 국가이성이 헤겔에 이르면 여러 민족들에 대한 숙명론적 역사해석으로 변화된다. 한마디로 요약하자면, 유럽의 소수민족들만이 특별한 덕성을 소유하고 있으니, 그들이 1차적인 지배자가 될 수 있다는 뜻이다. 결국 헤겔의 역사철학은 유럽중심주의의 시작이었으며, 여기서 국가이성은 우월한 유럽의 가치관을 세계로 확장시켜 진보의 이념으로 둔갑한다. 그리고 20세기 초에 트라이치케는 민족주의를 강조하면서, 독일 중심의 제국주의를 강력히 옹호한다. 즉 마키아벨리-헤겔-트라이치케로 이어지는 역사가 바로 국가이성이 왜곡되는 역사이며, 이것이 제1차 세계대전으로 치닫게 된 원인이다.

> "사람들은 불행한 발전 전체의 테마를 '마키아벨리즘에서부터 내셔널리즘으로'라고 명명할 수 있을 것이다. 그러한 발전의 비교적 명확하고 주요한 단계를 밝히는 일이 우리의 의도였다. 세계대전의 파국은 그 갖가지 결과와 더불어 역사적 사고를 불가피하게 새로운 길로 향하게 만든다."[86]

86 마이네케, 이광주 역, 『국가권력의 이념사』, 한길사, 2010, 624쪽.

이 책의 말미에서, 국가이성의 역사를 연구한 후, 마이네케는 앞으로의 전망을 간략히 적고 있다. 그는 국가이성의 발전단계를 3단계로 구분하고 있다. 1기는 마키아벨리 시대로부터 17세기 중반의 절대주의 시대, 2기는 프랑스 혁명에 이르는 절대주의의 성숙시기, 3기는 비스마르크의 몰락으로 끝나는 국민국가의 생성시기이다. 그리고 각 시대마다 그에 조응하는 경제적-정치적 구조가 있다고 분석한다. 즉 군국주의, 국민주의, 자본주의이다. 경제적으로는 봉건시대를 마감하고 자본주의 시대로 진입하면서 산업화와 더불어 민중들의 계급화가 진전되었다. 그리고 국민주의는 자국 중심의 민족주의로 정착하면서 타국을 적대시하는 증오의 문화가 만들어졌고, 이것은 상대를 말살시켜도 된다는 섬멸전을 인정하게 되었다. 한편 섬멸전을 가능하게 만든 것은 군국주의이다. 국민들을 군대에 소집하는 국민개병제가 실시되면서 전쟁은 나와 타인의 극단적인 투쟁으로 비화되고, 일말의 타협도 불가능하게 되었다. 또 자본주의를 가능하게 했던 산업화는 군사무기를 자본의 이익을 창출하는 사업으로 인식하고, 국가는 군대를 양성하고 무기를 생산함으로써 부국강병이 된다고 생각하기에 이르렀다. 이 세 가지 이념들은 과거 국가이성이 전제했던 권력 형태를 완전히 바꾸어 놓았다. 이제 권력은 규제할 수 없는 무한대의 공격성을 가지게 된 것이다.

"군국주의, 국민주의, 자본주의 이 삼자 중 어느 하나를 떼어서, 그것이 우리의 화근이 되었다고 비난할 수 없다. 단지 이 삼자가 운명적으로 병존함으로써만, 유럽 열강은 처음에는 그 권력의 높이에, 이어서 그들 사이의 유럽의 패자에게도 화근이 되는 파멸로 인도되었던 것이다."[87]

마이네케는 자신의 책 마지막 부분에서 헤겔과 트라이치케를 언급하면서 정치적 가치관으로서 이 두 학자의 유산을 부정하고 있다. 즉 사라져야 할 대상으로 생각하는 것이다. 그러면서 현명한 국가이성을 회복하고 자유와 독립을 성취해야 한다고 주장한다. 또한 랑케가 설파했던 유럽적 공동감정이 재생되어야 한다고도 말한다. 이것이 현실정치를 경험한 마이네케의 처방전이요, 미래를 향한 마지막 메시지이다. 그러나 여전히 그의 미래는 불투명한 것으로 끝을 맺는다. 왜냐하면 그가 목도했던 국제연맹이나 미국의 국제적 패권도 평화주의로 정착하는 것이 쉽지 않을 것이라고 예견하기 때문이다. 그러면서 국제평화란 어쩌면 인간의 노력으로 실현되는 것이 아니라, 문명의 승리가 가져올 문명의 선물이 아닐까라고 말을 아낀다.

87 마이네케, 이광주 역, 『국가권력의 이념사』, 한길사, 2010, 639쪽.

4장 | 그람시

마키아벨리와 그람시는 약 450년의 시간 차이를 두고 이탈리아에서 살았던 인물이다. 그러나 두 사람은 모두 이탈리아의 정치적 완성을 꿈꾸며 치열하게 정치참여를 했다는 점에서 공통점이 있다. 물론 두 사람이 가슴에 품었던 정치적 이상은 달랐다. 마키아벨리의 꿈은 중세적 질서를 벗어나 근대국가를 달성하는 것이었다면, 그람시의 꿈은 자본주의 사회에서 노동자를 위한 이상국가를 만들어내는 것이었다. 그래서 전자는 자신의 꿈을 이루기 위해서 군주의 통치권이 중요하다고 생각했던 반면, 후자는 자신의 목표를 이루기 위해서 농민과 노동자들의 집단의지를 결집하는 것이 중요하다고 생각했다. 그러나 그람시의 이론과 실천은 마키아벨리로부터 크게 영향을 받은 것이며, 노동자와 농민의 집단의지라는 단어도 마키아벨리의 민중의 지지라는 개념으로부터 시사를 받은 만큼, 두 사람은 동일한 문제의식의 선상에 서 있다.

특히 우리가 읽고 있는 두 사람의 대표적인 저작이 모두 감옥에서 쓰여진 것이라는 점도 흥미로운 공통점이다. 그람시의 『옥중수고』는 말 그대로 감옥에서 작성된 수고이며, 이것은 감시를 피해서 사후에 출간된 미간행 원고들을 모은 것이다. 여기에는 그람시가 사회주의 노동을 하면서, 겪었던 수많은 실패와 좌절을 곱씹으며, 그 원인과 대책을 숙고하던 혁명가의 고뇌가 가득 차 있다. 그런데 그람시가 살았던 시대는 자본주의가 성숙해 가던 무렵이었으며,

남과 북의 빈부격차나 무솔리니의 파시즘이 같은 변형된 전제정치 아래서, 어떻게 노동운동을 성공시킬 수 있는가라는 문제가 깊게 반영되어 있다. 따라서 시기적으로 다르고, 공간적으로 차이가 있으나, 우리는 이 텍스트를 통해서 한국 사회에서 노동과 자본의 대결을 극복하고 새로운 정치의 시대를 열어 갈 수 있는 시사점들을 얻을 수 있다

『옥중수고』의 시작은 "현대의 군주"라는 제목으로 출발한다. 이 제목의 의미는 간단하다. 마키아벨리가 1920년대에 환생하여 『군주론』을 다시 집필한다면 어떤 내용을 담을 것이라는 마키아벨리의 상상이 그대로 반영된 것이리라. 여기서 그람시는 이탈리아 노동운동을 이끌어 가기 위해서는 집단의지를 만들어내야 한다고 주장한다. 마키아벨리가 당대 이탈리아의 당면과제를 근대국가를 만들어내는 것이라고 보았고, 그러한 행위 주체가 새로운 군주라고 생각했다면, 그람시는 20세기 초반 이탈리아가 당면한 과제는 사회주의 혁명이라고 파악했고, 이를 위해서는 노동자와 농민이 주체가 되어야 한다고 본 것이다.

"현대의 군주, 곧 신화. 군주는 실제의 한 인격, 하나의 구체적인 개인일 수는 없다. 그것은 오직, 이미 인정받았으며, 또한 어느 정도까지는 행동을 통하여 스스로를 확인한 하나의 집단의지가. 그 속에서 하나의 구체적인 형태를 취하기 시작하는 유기체 또는 복합적 사회요소일 수밖에 없다. 역사는 이미 이러한 유기체를 보여주었는데

그것이 바로 정치정당- 보편적·전체적으로 되고자 하는 집단의지의 효소들이 함께 모인 최초의 세포-이다."[88]

여기서 그람시는 현대의 군주는 하나의 개인 아니라 정치정당이라고 밝히고 있다. 그리고 그 정당은 자신이 몸담고 있던 이탈리아 공산당임에 분명하다. 그런데 이때 현대의 군주는 자코뱅주의를 지켜야 한다고 말하고 있다. 이게 무슨 말인가? 자코뱅(Jacobin)이 누구인가? 자코뱅은 프랑스 대혁명을 성공으로 이끌어낸 혁명세력이다. 로베스피에르, 마라, 당통 등이다. 그런데 왜 마키아벨리는 이탈리아에서 사회혁명에 필요한 행동원칙이 자코뱅주의라고 말했을까?

"현대의 군주론은 마땅히 그 일부를 자코뱅주의를 위해 할애해야 한다. 왜냐하면 자코뱅주의는 집단의지가 적어도 어떤 점에서는 독자적이며 전적으로 새롭게 창조적으로 형성되고 작동되었던 예이기 때문이다. 그러고는 집단의지와 정치적 의지 일반에 대해 현대적인 뜻에서의 정의를 내려주어야 할 것이다. 그때 그 의지는 역사적 필연성에 대한 능동적 자각으로서의 의지, 역사의 드라마에서의

88 그람시, 이상운 역, 『옥중수고 1』, 거름출판사, 2006, 136-137쪽.

사실적이고도 유능한 주인공으로서의 의지여야 할 것이다."[89]

그는 자코뱅주의가 역사 속에서 이미 실현된 경험이 있는 개념이라는 점을 인정하면서도, 이것이 이탈리아 상황에 적용되기 위해서는 새롭게 개념 정의를 내려야 한다고 말하고 있다. 왜냐하면 프랑스 대혁명이 가능할 수 있었던 조건, 즉 프랑스 인민들의 집단의지를 혁명의 세력으로 발전시킨 사회구조와 역사적 배경들이 이탈리아와는 다르기 때문이다. 사실 프랑스 대혁명 이후 다른 나라에서도 이와 비슷한 혁명의 시도가 있었으나 성공하지 못했다. 따라서 그 성공과 실패의 원인을 분석하고 이탈리아의 사회혁명이 성공할 수 있는 조건을 찾아야 한다. 적어도 국민적-민중적 집단의지를 세우고 조직할 수 있는 세력이 부족하다. 특히 토지귀족과 농촌 부르주아지를 들고 있다. 여기서 그람시는 농민대중이 정치변혁의 대열에 참여하지 않는다면 집단의지의 형성은 불가능하다고 진단한다.

여기서 또 의문이 생긴다. 농민들은 왜 정치혁명에 대해서 무관심하고 수동적일까? 이 질문에 대한 대답이 그람시 사상의 핵심이며, 여기서 부르주아 계급의 문화적 지배에 대한 통찰력이 등장한

89 그람씨, 이상운 역, 『옥중수고 1』, 거름출판사, 2006, 138-139쪽.

다. 당시 이탈리아 경제구조는 산업화의 초기 단계에 진입했지만, 이것은 주로 북부 이탈리아에 한정된다. 남부 이탈리아에는 여전히 농촌경제가 지배적이었다. 즉 노동자 계급이 제대로 형성되지 않은 단계였으며, 북부 이탈리아에서도 전자본주의적 문화유산이 잔존하고 있었다. 여기서 더 중요한 사실은 대다수의 민중들이 부르주아들이 만들어 낸 가치관에서 벗어나지 못했다는 점이다. 즉 경제적으로 지배당하고 있을 뿐만 아니라, 도덕적으로-정신적으로도 지배상태를 벗어나지 못한 것이다. 바로 이러한 정신적-도덕적 지배상태가 집단의지의 성숙을 방해하는 요인이다. 그래서 그람시는 프랑스 대혁명이 성공할 수 있는 조건이 이탈리아에서는 아직 성숙하지 못했다고 진단한다. 이를 두고 그는 '조숙한 자코뱅주의'라고 불렀다. 이 말은 결국 자코뱅적 세력이 혁명을 이끌만한 정신이 충분히 성숙하지 못했다는 것이다. 그래서 이탈리아 공산당은 노동세력을 규합하고 총파업을 통해서 경제적 불평등을 타파하는 데 실패했다. 특히 1920년대를 전후하여 파시즘이 득세하는데, 여기에 노동자들이 오히려 동조하는 현상이 나타난다. 이것을 노동자들의 반동화라고 평가하면서, 그 원인을 역시 지적-도덕적 후진성에서 찾는다.

> "현대의 군주론의 중요한 부분이 지적·도덕적 개혁의 문제, 다시 말해 종교 또는 세계관의 문제에 할애되어야 한다. 이 분야에서도 기존의 전통 속에서 자코뱅주의의 결여와 자코뱅주의에 대한 공포를

> 볼 수 있다. 현대의 군주는 지적·도덕적 개혁의 선포자이자 조직가여야 하며 또 그렇지 않을 수 없다(중략). 현대의 군주는 자신이 발전함에 따라 지적·도덕적 관계의 모든 체계를 혁명화한다."[90]

위의 주장은 마키아벨리의 문제의식에 마르크스의 계급론을 중첩시킨 것이다. 그리고 이러한 혼합과 중첩을 통해서 그람시는 상부구조의 중요성을 강조한다. 이것은 이탈리아 공산당 내부의 이론적 난맥상을 극복하려는 그람시의 실천의식이 깊게 배여 있다. 당시 공산당의 이론가들 사이에서는 레닌식의 폭력혁명론자들과 루카치식의 계급관념론자들을 지지하는 두 가지 커다란 흐름이 있었다. 전자는 적극적으로 총파업을 주도하여 파시즘과 부르주아 계급에 대항하는 전면적인 혁명을 주장했고, 후자는 정치교육을 통해서 계급의식을 공고히 한 후 노동자들의 혁명의지가 고양되면, 사회혁명으로 나서자는 주장을 했다. 전자가 후기 마르크스의 노선이라면, 후자는 전기 마르크스의 노선이다. 이러한 사상적 기로에서 그람시는 상부구조의 자율성을 강조하면서도, 권력의 강압적인 면을 인정하고자 했다.

이러한 문제의식에서 등장한 개념이 바로 헤게모니이다. 시민

90 그람시, 이상운 역, 『옥중수고 1』, 거름출판사, 2006, 142-143쪽.

사회에서 노동자와 농민들은 부르주아의 문화적 지배에 노출되어, 일상의 가치관을 조정당하게 된다. 이때 문화적 지배에 포섭된 민중들이 지배의 논리를 자각하지 못하게 만드는 힘이 도덕적-지적인 지배에 해당한다. 그리고 문화적 지배는 민중들의 동의에 기반하여 작동한다. 그러나 사회적 모순에 대한 계급의식이 고양되고, 민중들이 부르주아의 도덕적-지적 지배에서 벗어나서 새로운 혁명을 꿈꾸게 될 때, 부르주아의 지배력은 노골적인 폭력으로 민중들의 개혁의지를 부수어 버린다. 이때 동원된 권력은 바로 경찰력과 군대의 힘이다. 이처럼 동의와 폭력의 양면성을 지칭하는 개념이 바로 헤게모니이다.

이러한 개념을 통해서 그람시는 무엇을 말하고자 했는가? 이탈리아 사회는 민중들이 부르주아의 도덕적-지적 지배에서 벗어나지 못했으며, 이러한 상황에서 적극적인 총파업을 강행하는 것은 공산당의 잘못된 전략이라는 것이다. 따라서 민중들의 왜곡된 일상을 바로 잡는 것이 우선순위가 되어야 한다. 여기서 그람시는 전쟁용어를 비유하면서 전자를 전면전이라고 부르고, 후자는 진지전 혹은 수동전이라고 부른다. 결국 이탈리아 상황은 지금 수동전을 수행해야 할 국면이다.

여기서 그는 1850년대에 있었던 프랑스 대통령 선거를 예로 든다. 1848년 2월 혁명을 통해서 귀족정치가 무너지고 1851년 프랑스는 처음으로 대통령을 선거로 선출할 수 있는 기회를 가지게 되었다. 선거운동의 초반에는 이념적 대결로 선거가 결판나는 것으로 보였다. 즉 좌파의 루이 블랑 후보와 우파의 라마르크 후보의 이념적 대결에서 좌파가 승리할 것으로 예상하는 사람이 대부분이었다. 그러나 선거 후반기에 갑자기 루이 나폴레옹이 후보로 나서면서 선거국면은 완전히 변질되게 된다. 보나파르트 나폴레옹의 조카였던 루이는 자신이 프랑스의 영광을 되찾아 줄 것이라 선전하면서 득표활동을 벌였는데, 이때 가장 많이 호응한 계급이 바로 농민층이었다. 이들은 계급의식이 완전히 고양되지 않은 채, 당시 프랑스가 당면한 경제적 어려움을 돌파하는 방법의 하나로, 과거로 회귀하는 낭만적인 방법을 택한 것이다. 마르크스는 그의 논문「루이 보나파르트의 부뤼메이 18」에서 당시 루이 보나파르트를 지지한 농민들의 심리상태를 "허위의식"에 빠진 상태라고 분석한 바 있다. 이러한 역사적 사실을 인용하면서 그람시는 이탈리아 민중의 상태를 부르주아의 헤게모니적 지배에서 벗어나지 못한 상태에 있다고 진단한 것이다. 그리고 이를 '카이사리즘의 지배'라고도 불렀다. 카이사리즘이란 지배자의 강력한 지배력에 민중들이 문화적으로 압도당한 상태를 말한다.

"위기가 이러한 유기적인 해결책을 발견하지 못하고 카리스마적인 지도자에게 의존하는 해결책을 택한다면, 그것은 어떤 정태적인 균형이 존재하며, 그 균형 속에서 진보적인 집단도 보수적인 집단도 승리를 쟁취할 힘이 없으며, 그리고 보수적인 집단조차도 자신들의 주인을 필요로 하였다는 것을 뜻한다.「루이 보나파르트의 브뤼메

이르 18」을 보라. 이러한 현상태는 정치정당과 관련된 가장 중요한 문제들 중 하나와 연결되어 있다."[91]

"거대한 경제적 노동조합과 정당 정치적 제휴가 존재하는 현대세계에서는 카이사리즘적 현상이 나폴레옹 3세에 이르기까지의 시기와는 다르게 나타난다. (중략) 정당이나 경제적 조합의 요원들은 카이사르나 브뤼메이르 18일형의 웅장한 모습의 군사적 행동이 없어도 매수되거나 협박당할 수 있다."[92]

그렇다면 이탈리아 당면한 카이사리즘적 지배 혹은 헤게모니는 어디서 유래하는가? 그람시는 여기서 대중문화에 주목한다. 그가 쓴 『대중문화론』[93]에는 소설이나 스포츠에 대한 분석이 등장하는데, 이것은 노동자 계급이 일상에서 즐기고 있는 소설이나 스포츠가 부르주아의 문화적 지배를 전달하는 매체가 된다는 것을 함의한다. 여기서 그람시가 관심을 보였던 범죄소설의 예를 들어 보자. 그는 『몽테크리스토 백작』에 주목한다. 이 소설은 우리가 익히 잘 알고 있는 내용이다. 나는 이 소설의 내용을 내 나름대로 다음과 같

91 그람시, 『옥중수고 1』, 거름출판사, 1996, 246-247쪽.

92 그람시, 『옥중수고 1』, 거름출판사, 1996, 258쪽

93 그람시, 박성진 역, 『대중문화론』, 책세상, 2003.

이 분석하고 싶다. 즉 이 소설은 하층계급이 귀족화되어 가는 과정을 묘사하고 있다. 전체적인 내용은 하층계급의 남자가 복수를 위해서 무인도를 탈출하고, 자신의 여자를 되찾고, 자신을 감옥에 가둔 귀족을 처단한다는 내용이다. 그런데 소설의 전개를 보면 하층민중이 우연히 큰돈을 얻게 된 계기로 복수가 가능해진다. 그리고 그가 복수를 위해 배우기 시작한 것이 춤과 검술이다. 당시에 귀족의 사교계에 진입하기 위해서는 춤을 출 줄 알아야 하며, 검술은 귀족만이 할 수 있는 특권과 같은 것이었다. 결국 민중계급의 남자가 복수를 위해서 준비하는 과정이 결국 귀족이 되어가는 과정이며, 몽테크리스토 백작이 되었을 때 그에게는 이미 민중적 성향이 남아 있지 않았다.

그래서 그람시는 범죄소설이 당대에 인기를 얻는 이유에는 문화적 지배가 작동한다고 본다. 즉 대중들이 소설을 읽는 이유는 예술적인 것 때문이 아니다. 여기서 그람시는 성적 요소 등[94]을 지적한다. 사실 그람시의 판단과 분석은 그다지 정교하지 않다. 그러나 분명 우리에게 큰 영감을 준다. 『몽테크리스토 백작』이 대중적 인기를 얻게 된 이유는 무엇일까? 그람시에게서 받은 영감을 적용하여 상상하면서, 필자는 귀족계급에 대한 선망과 신분상승의 기대

94 그람시, 『대중문화론』, 59쪽.

가 인기의 요인이라고 주장하고 싶다. 애인을 빼앗긴 남자는 하층 계급이었으나, 복수가 끝난 뒤에 그는 귀족이 되어 있었기 때문이다. 그리고 바로 이러한 기대심리가 민중에게 부르주아의 문화적 가치를 전달하는 역할을 하는 것이다. 요즘 한국 사회에서 재벌가의 아들을 다룬 연애 소설이나 드라마가 인기를 얻는 이유를 상상해보면 쉽게 이해가 될 것이다.

> "자신을 우월하게 유지하는 삶의 방식을 배울 수 있는 교육을 얻으려는 욕망, 이상적인 모델을 제시함으로써 스스로의 개성을 고양하려는 욕망, 삶의 조건들에서 가능한 만큼보다 더 많은 세계와 사람들을 알고 하는 욕망(스노비즘, snobbism: 속물근성) 등이 우리가 보아야 할 현상이다. 대중의 마약으로서 대중 문학은 뒤마의 소설『몽테크리스토 백작』에 대한 글에서 지적된다."[95]

그렇다면 어떻게 부르주아의 문화적 지배(헤게모니)로부터 벗어날 수 있을까? 이에 대한 대답이 바로 '유기적 지식인'이다. 그람시는 지식인을 전통적 지식인과 유기적 지식인으로 구분하면서 후자의 역할을 강조한다. 결국 그가 보기에 실천철학과 관련하여 지식

95 그람시,『대중문학론』, 62쪽.

인은 민중과 유기적으로 연결되어야 한다. 여기서 '유기적'이라는 형용사는 민중의 감정구조와 감수성이 형성되는 계기를 정확히 알아내고, 민중들의 욕망 속에 지배층의 헤게모니가 스며 있다는 점을 간파하여, 이것을 민중들에게 알려주고 새로운 세계관을 갖도록 만드는 역할을 해야 한다. 그람시가 대중문학을 분석하면서 밝히고자 했던 바는 지식인의 역할이었다. 특히 당대에 이탈리아에서는 이탈리아어로 서술된 민족문학이 외국의 번역문학에 비해 대중적 인기가 없었다. 그람시가 보기에 그 이유는 작가들이 대중들의 감수성을 따라가지 못하고, 자신들이 지적 격자에 갇힌 채 글쓰기를 하고 있기 때문이다. 따라서 지식인은 고립된 학문의 틀에서 벗어나 민중들과 호흡하면서 그들에게 새로운 삶의 희망과 가치관을 공급할 수 있는 역할을 해야 한다.

> "실천 철학의 발전과정은 지식인과 대중이 어떻게 변증법적으로 통일되어 있느냐에 달려 있다. 지식인 계층은 양적·질적으로 발전한다. 그러나 지식인 계층이 새로운 폭과 깊이를 더하려고 도약할 때마다 그것은 순진한 대중 부문에서 이루어지는 유사한 운동과 결부되게 한다."[96]

96 그람시, 『옥중수고 2』, 거름출판사, 2007, 175쪽.

그람시가 주목한 대중문화의 영향력은 20세기 후반 유럽의 문화연구에 큰 영향을 주게 된다. 1960년대 초반 프랑스의 알튀세는 그람시의 헤게모니 개념을 이어받아 "이데올로기 국가장치"라는 개념을 제시한다.[97] 알튀세는 여기서 학교와 미디어의 중요성을 철학적으로 규명하였다. 그리고 마르크스의 이데올로기가 인간의 심리적 과정을 통해 지배의 효과를 전달하는 과정을 면밀하게 분석한다. '주체의 호명'은 헤게모니와 라캉의 상징질서가 결합하여 탄생한 알튀세의 분석틀이다. 또 1970년 영국의 스튜어트 홀은 헤게모니와 주체의 호명을 기호학적으로 수용하여, 대중문화(광고, 영화, TV)를 분석한다. 이를 통해서 문화가 민중계급에 어떤 지배효과로 나타나는지를 실증분석하였다.[98] 스튜어트 홀의 기호학적 문화분석은 1980년대 미국의 커뮤니케이션 연구에 엄청난 영향을 주었다.[99] 한편 사회변혁의 논리와 관련하여 라클라우와 무페에게도 새로운 자극을 주었다.[100] 그들은 1990년대 이후 유럽 노동자 운동의 한계가 분명하게 드러난 상황을 지켜보면서, 하부-

97 알튀세, "이데올로기와 이데올로기 국가장치," 『아미엥에서의 주장』, 솔출판사, 1991.

98 스튜어트 홀, 『문화, 이데올로기, 정체성』, 컬처룩, 2015.

99 존 스토리, 『대중문화와 문화이론』, 경문사, 2021.

100 라클라우·무페, 『헤게모니와 사회주의 전략』, 후마니타스, 2013.

상부구조라는 이분법적 대립구조를 벗어나서 사회적 모순을 바라볼 필요가 있음을 직감한다. 그리하여 만들어 낸 개념이 바로 접합(articulation)이다. 경제적 모순을 강조하는 전통적인 마르크시즘의 시각을 넘어서 사회구성체는 경제-정치-문화를 이어주는 다양한 요인들로 형성된다는 점을 파악한다. 그리하여 각 층위들에서 등장하는 주요한 담론(discours)들이 변혁의 계기가 될 수 있다는 담화구성체(discursive formation)를 제시한다. 담론적 실천을 통해 사회변혁을 추구할 필요가 있다는 점을 강조하면서, 노동운동의 새로운 전망을 제시한 것이다. 이 모든 이론적 변형들이 그람시로부터 유래한 것들이다.

5장 | 한비자: 동양의 마키아벨리

한비사를 일컬어 동양의 마키아벨리라고 부르는 학자들이 많다. 적절한 표현일까? 몇 가지 쟁점들을 분석해 가며 마키아벨리와 한비자를 비교해 보자.

첫째, 한비자가 살았던 시기는 고대 봉건주의를 마감하고 강력한 군주국가를 이루어 가던 시대였다. 실제로 한비자의 사상은 진시황의 통치이념으로 채택되어 전국시대를 통일하고 강력한 행정체계를 완성하는 데 큰 역할을 했다. 이런 점에서 이탈리아의 봉건시대를 끝내고 강력한 중앙집권을 꿈꾸었던 마키아벨리와 유사한 배경을 가진다. 두 사람 모두 군주의 통치권을 옹호했으며, 군주의 능력에 국가의 생존이 달려 있다고 생각했다. 마키아벨리는 군주의 능력을 비르투로 표현했고, 한비자는 술의 정치로 설명했다. 이 두 가지 개념은 서로 같은 것인가?

둘째, 마키아벨리는 국가 건설과 국가를 다스리는 방법을 구분했는데, 한비자는 국가를 다스리는 일과 국가가 패망하는 경우를 대비하고 있다. 특히 군주의 역할과 신하의 관계 설정을 매우 중요하게 다루고 있다. 마키아벨리도 군주와 귀족들 사이의 세력다툼을 중요하게 생각했지만, 그에 대해서 구체적인 개념을 소개하고 있지는 않다. 이에 비해서 한비자는 '신하를 다스리는 법(양각)', '간사한 신하를 구별하는 법(팔관)', '관료들을 선택하는 법(용인)', '관료와 조직을 관리하는 방법(내저설 상 칠술, 외저설 우상)' 등과 같은 글들을 통해 관료조직을 통제하는 군주의 통치술을 매우 구체적으로 설명하고 있다. 그리고 이 개념을 술의 정치라고 개념 정의한다. 이런 점에서 보면 한비자는 현대판 인사행정과 리더십 전문가였다.

셋째, 마키아벨리는 국민을 통치의 대상으로 생각하고, 자신의 권력을 유지하는 데 필요한 수단이라고 생각했다. 한비자의 경우도 이와 비슷한 점이 많다. 그러나 한비자의 글들을 꼼꼼히 읽어 보면 백성을 위한 위민사상이 깊게 배어 있다는 것을 느끼게 된다. 사실 군주가 술과 세를 사용하는 궁극적인 목표도 백성들이 좀 더 잘 살게 만드는 것이다. 그런 의미에서 그는 법치주의 사상가였다. 즉 권력의 남용을 막고, 시스템에 의해서 국가권력이 행사되도록 함으로써, 군주의 자의적인 권력행사를 억제하려는 목표가 전면에 나타나고 있다. 이것은 분명 마키아벨리와 대조되는 특징이기도 하다.

이러한 특징들을 염두에 두면서, 이 글에서는 한비자 사상의 특징을 정리하기 위해서, '법치주의', '술의 작용', '세의 형성'이라는 3가지 주제를 논의해 보겠다.

첫째, 법치주의에 관하여: 한비자는 국가권력의 행사방식과 상벌의 체계를 법으로 정하여 공표하고, 그의 절차에 따라 정치가 이루어져야 한다고 강조한다. 이런 점에서 한비자는 덕치를 강조한 유가사상을 정면으로 공격한다. 왜냐하면 정치는 개인의 성품이나 덕을 기반으로 하는 것이 아니기 때문이다. 한비자가 보기에 유가의 정치는 지나치게 주관적이다. 더구나 한비자가 보기에 현실의 군주가 탁월한 인품을 가지는 경우는 매우 드물다. 대부분의 군주는 보통사람에 불과하다. 그러니 그들에게 많은 것을 기대하는 것 자체가 억지스럽다. 따라서 보통사람으로서 군주가 견제받지 않는 권력을 가지는 것은 매우 위험하다. 정치의 가장 좋은 방법은 법을 쉽게 만들고, 백성에게 공표함으로써 권력의 객관성을 확보하는 것이다. 더구나 상과 벌을 엄격하게 정하여, 신분 고하를 막론하고 공과를 엄격히 물어야 한다. 이것이 백성으로부터 신뢰를 얻고, 궁극적으로 국가가 생존할 수 있는 유일한 길이다.

이러한 법치주의는 과거의 선례를 중요하게 생각했던 유가의 전통을 비판한다. 공자는 늘 주왕이나 은왕과 같은 선대의 예를 들면서 현실의 정치가 지향할 기준을 제시하곤 했다. 그런데 한비자는 이러한 공자의 입장을 정면으로 공격한다. 왜냐하면 시대의 변화에 따라서 정치는 변하기 마련이며, 상황과 맥락이 변화하면 과거에 성공했던 정책도 오늘날 실패할 수 있기 때문이다. 그래서 "그는 선왕을 모방하지 말고 나랏일을 살피라고 말한다."(외저설 좌상 전 3).

"옛 책에 '띠를 두르고 또 두르라'라는 말이 있다. 송나라 사람으로 고서를 연구하는 자가 있었는데, 허리띠를 두 겹으로 묶었다. 사람들이 말하였다. '이렇게 한 것은 무엇 때문인가?' 그가 대답하였다. '옛날 책에 그렇게 하도록 적혀 있소.'"[101]

101 한비자, 김원중 역, 『한비자』, 2016, 휴머니스트, 전자책, 718쪽.

"정나라 사람으로 신발을 하려는 자가 있었는데, 먼저 스스로 자신의 발을 재어 치수를 그 자리에 두었다. 시장에 도착해서야 치수를 잰 것을 잊고 왔음을 알았다. 신발 장수를 만나자 곧 이렇게 말하였다. '나는 발을 잰 것을 잊고 왔소. 돌아가서 그것을 가져오겠소. 그가 다시 돌아왔을 때는 시장이 끝나서 끝내 신발을 구할 수 없었다. 어떤 사람이 말하였다. 어째서 발을 재보지 않았소?"[102]

위의 두 인용문은 한비자의 현실주의 정치관을 잘 나타내 주며, 과거에 얽매여 개혁을 못하는 정치적 퇴행을 신랄하게 비판하고 있다. 『한비자』 '오두' 편에도 '그루터기에 목이 부러져 죽은 토끼를 기다리는 농부'의 설화나 '일이 다르면 대비하는 것도 바뀌어야'라는 절에서, 선대의 왕들이 행한 일들이 상황이 바뀌면 전혀 다른 결과를 나타낼 수 있음을 경고하고 있다. 또 '현학' 편의 '현명한 군주가 거부해야 하는 두 학파'라는 절에서는 유가와 묵자를 직접 공격한다. 이들은 모두 현실정치를 제대로 인식하지 못한 채 과거의 격식에 사로잡혀 있는 것으로 묘사한다. 그래서 '밭 가는 자들과 학자들, 군주는 누구 편에 서야 하나'라는 절에서는 현실을 모르는 학자들을 현학자라고 비판하면서, 국가의 운영은 밭을 가는 사람과 그

102 한비자, 김원중 역, 『한비자』, 2016, 휴머니스트, 전자책, 720-721쪽.

들이 내는 세금으로 가능해진다고 일갈한다. 따라서 밭을 가는 사람들에게는 무거운 세금을 부과하고, 학자들에게는 상을 주는 것은 어리석은 짓이다. 결론적으로 한비자의 법치주의는 시대에 발맞춰 권력 구조를 개혁하고, 권력의 행사는 객관적으로 투명하게 공표되어야 하며, 그 행사의 방식도 상과 벌에 따른 인사고과의 원칙에 맞아야 한다는 점을 강조한다. 물론 그 궁극적인 목표는 백성들이 잘살도록 하는 것이다. 그런 의미에서 한비자는 이념과 명분보다는 실리를 중요하게 생각한 현실주의자이다.

둘째, 술의 작용에 대하여: 술이라는 말은 전략과 전술을 의미한다. 여기에는 손자가 지은『병법』으로부터 영향을 받은 냄새가 짙게 풍긴다. 술과 세라는 말 자체가 손자가 전쟁에서 이기기 위해서 장수가 지켜야 할 원칙으로 자주 거론했던 단어들이기 때문이다. 그렇다면 한비자는 술이라는 말을 어떤 의미로 사용했나? 그는 이 말을 관료들을 제압하고, 조직의 원칙을 세우기 위한 통치술이라는 뜻으로 사용했다. 사실 이것은 법치주의를 강조했던 한비자의 생각과 조금은 상반된 것이다. 왜냐하면 그는 군주 개인의 능력보다는 관료제라는 행정조직에 의해서 권력이 행사되기를 기대했는데, 술의 정치는 간신들의 횡포를 알아채고 그들을 제압하는 군주의 덕목을 강조하고 있기 때문이다. 관료제는 구조를, 술의 작용은 개인적인 덕목을, 각각 강조하고 있는 셈이다. 이처럼 상반된 면을 이해하기 위해서는 당시의 시대상을 살펴볼 필요가 있다.

전국시대는 관료들의 충원이 급격하게 증대했던 시기이다. 다시 말해 관료들의 수가 늘었고, 그들이 궁궐에서 실질적인 권력을 행사하는 경우가 많았다. 그래서 관료들 사이에서 우두머리가 등장했고 이들이 신하들을 규합하여 모반을 꾀하고, 왕을 축출하는 경우가 다반사였다. 즉 이 시기에 권력투쟁은 왕권과 신권의 대립 구도로 형성되었다. 바로 이러한 상황에서 군주의 권력이 강력해지지 않으면, 신권의 도전을 막아낼 수 없다는 현실적인 필요가 생겼고, 이를 대비하는 차원에서 한비자는 군주의 술이라는 정치적 능력을 강조한 것이다.

진시황이 읽고 감격했다는『한비자』의 글이 두 편 있는데, '고분'과 '오두' 편이다. '고분' 편에 보면 '법술지사'라는 표현이 나온다. 법의 원칙에 따라 백성을 위해서 정치를 펼치려는 신하를 말한다. 이와 대비하여 중신(권신)이 등장한다. 이들은 자신의 이익을 위해서 정치를 하는 사람들이다. 여기서 한비자는 중신들의 간계 때문에 법술지사들이 군주와 대면조차 하기 어렵다고 분석하고 있다. 그리고 법술지사들은 중신과 정치적 투쟁을 하게 되면 결코 승리할 수 없다고 판단하면서, 그 이유를 5가지로 나열하고 있다. 왜냐하면 법술지사들은 법과 원칙만을 군주에게 강조하니, 아부와 편견에 길들여진 군주가 그들의 말을 수용하기 어렵다는 것이다. 여기서 한비자는 중신들은 군주들이 좋아하는 것과 싫어하는 것을 미리 간파하여 듣기 좋게 아부하는 자들이며, 대체로 군주들은 그들의 아부에서 벗어날 수 없을 것이라고 예단한다.

이를 통해 보면 한비자의 글은 현대판 정치심리학에 가깝다. 아부하는 권신들의 횡포에서 벗어나기 위해서는 '자신의 선호를 드러내지 않을 것'(간겁시신, 3절), '애첩에 말해 현혹되지 말 것'(간겁시신, 4절), '일을 도모할 때 말이 새어 나가게 하지 말라'(세난, 1절) 등을 제안한다. 군주의 속마음을 알게 되면 중신들은 그의 곁에서 지속적으로 아부하며, 충신들을 모함하게 되기 때문에 충직한 사람들은 멀어지고, 결국 개혁은 실패하게 된다. 바로 이러한 이유 때문에 군주는 술의 정치를 해야 한다.

그럼 술의 정치는 무엇인가? 대표적인 사례가 권력의 분산이다. '외저설 좌하 전 2'에 보면 신의가 아닌 술에 의지하라는 절이 있다. 제나라 환공의 예이다. 제나라 군주 환공은 관중이라는 신하를 중보(재상에 해당하는 벼슬)로 삼으려고 신하들에게 의견을 물었다. 그래서 찬성과 반대를 묻고 문의 오른쪽과 왼쪽에 서라고 명했는데, 동곽이라는 신하가 문의 중간에 서 있었다. 그 까닭을 물으니, 관중이 지혜가 있고, 일을 실천할 수 있는 결단력 있는 사람이라면 그의 능력과 권세가 왕의 권세를 넘을 수도 있기에, 관중에게 권력을 집중하여 위임하지 말 것을 충고한 것이다. 이에 왕은 나라 안의 일은 습붕에게, 나라 밖의 일은 관중에게 담당하게 했다. 이 일화는 술의 정치를 이해하는 데 가장 쉽고, 핵심적인 예이다. 신하에게 권력이 집중되어 왕을 넘보도록 해서는 안된다. 그래서 '상벌의 원칙을 지켜라'(외저설 우하 경), '신임하는 신하를 흠모하지 마라'(오두, 9절) 등을 제안하고 있다.

셋째, 세의 형성에 관하여: 세라는 말은 차라리 세력이라고 쓰는 것이 읽는 사람에게 쉽게 읽힌다. 요즘 말로 판세라고 하면 어떨까? 법치주의나 술의 정치는 내용도 분명하고 표현도 구체적이어서 이해하기 쉽지만, 세의 정치를 설명하는 한비자의 태도는 사뭇 추상적이다. 세란 말의 뜻을 하나로 규정하기 어려워서 그랬을까? 그래서 필자가 구태여 이 말의 뜻을 풀이하기보다는 몇군데 중요한 문장을 인용해 보려고 한다. 난세 편 2절 '구름이 걷히고 안개가 개면 용과 뱀도 지렁이나 개미와 같아지는 법'이라는 구절의 첫 문단이다.

"날아다니는 용은 구름을 타고, 오르는 뱀은 안개를 노닐지만, 구름이 걷히고 안개가 개고 나면 용과 뱀은 지렁이나 개미와 같아지니, 탈것을 잃었기 때문이다. 현명한 사람이 못난 사람에게 굴복하는 되는 것은 권세는 가볍고 지위는 낮기 때문이다. 못난 사람이 현명한 사람을 복종시키는 것은 권세는 무겁고 지위는 높기 때문이다. 요 임금이 보통 사내라고 한다면 세 사람도 다스리지 못하였을 것이며, 걸 왕도 천자가 되었으므로 천하를 혼란스럽게 할 수 있었으니, 나는 이런 사례로 권세나 지위만은 충분히 믿을 수 있어도 현명함과 지혜를 흠모하기에는 부족하다는 것을 알게 된 것이다."[103]

103 한비자, 김원중 역, 『한비자』, 2016, 휴머니스트, 전자책, 991쪽.

용과 구름의 비유는 금방 이해가 된다. 용의 능력도 구름이라는 수단이 없다면 발휘될 수 없다는 뜻이다. 한마디로 세란 군주의 능력을 발휘할 수 있는 상황이나 맥락이라고 할 수 있겠다. 못난 사람과 현명한 사람의 대조도 이해하기 어렵지 않으며, 요임금이 보통 사내였다면 세 사람도 다스릴 수 없었을 것이라는 극단적 예도 쉽게 납득이 간다. 요즘 말로 자리가 사람을 만든다는 뜻으로 읽혀진다. 그럼 맥락, 상황, 수단, 자리, 이름값 등으로 세라는 말을 대신할 수 있을까? 필자의 눈에는 뭔가 부족해 보인다. 그래서 한 문장 더 인용해 보도록 하자. '이병' 편 1절이다.

> "무릇 호랑이가 개를 복종시킬 수 있는 까닭은 발톱과 이빨을 지녔기 때문이다. 만일 호랑이에게서 발톱과 이빨을 떼어 내어 개에게 사용하게 한다면 호랑이가 도리어 개에게 복종할 것이다. 군주는 형과 덕으로 신하를 통제하는 자이다. 그런데 지금의 군주가 형과 덕을 신하에게 주어 사용하게 한다면 군주는 도리어 신하에게 통제될 것이다. 지난날 전상은 군주에게 작위와 봉록을 요청하여 그것을 여러 신하에 행사했고, 아래로는 큰 말로 퍼주고 거두어 들일 때는 작은 말로 받아 백성들에게 은혜를 베풀었다. 이렇게 되자 간공은 덕을 잃고 전상이 그것을 늘 사용했음으로 간공이 시해당한 것이

다."[104]

위의 인용문에서는 용과 구름이 호랑이와 발톱으로 바뀌었다. 비슷한 비유이다, 그런데 그 다음의 예가 구체적이고 설득력이 있다. 군주의 발톱과 이빨은 바로 형과 덕이었는데, 왕이 이것을 전상이라는 신하에게 빼앗겼다는 것이다. 즉 전상이라는 중신이 왕 대신 직위와 봉록을 내릴 수 있는 권한을 위임받아 행사함으로써 백성들에게 인심을 얻었다. 그래서 신하의 세력이 왕의 세력을 능가하여 결국은 왕이 시해당하고 말았다는 것이다. 이렇게 보면 세란 백성들의 민심을 얻을 수 있는 수단과 방법, 또는 그 결과에 해당한다고 볼 수 있지 않을까? '십과' 편은 군주가 저지를 수 있는 10가지 큰 잘못에 대해 설명하는데, 9절에 보면 '제환공이 죽어 시체도 거두지 못한 이유'라는 절이 나온다. 여기서 제환공은 제나라 군주로서 여러 군주들을 회합하여 여러 차례 전투에서 승리한 군주의 우두머리로 묘사된다. 그런데 나이가 들어 국정을 관장하지 못하게 되자, 그 후임을 찾으려고 한다. 이때 관중이라는 신하에게 조언을 구하는 장면이 나온다. 여기서 군주는 자신이 염두에 두고 있는 몇 명의 신하를 거론하고 관중의 의견을 묻는데, 관중은 모두

104 한비자, 김원중 역, 『한비자』, 2016, 휴머니스트, 전자책, 125-126쪽.

거절하고 군주가 전혀 모르던 사람을 후임자로 천거했다. 관중은 객관적으로 정사를 잘 돌볼 수 있는 사람을 천거했지만, 군주는 자신의 의견을 무시한 관중을 괘씸하게 생각했고, 결국은 관중의 조언과는 상관없이 자신이 원하던 사람으로 하여금 정사를 관장하도록 했다. 그런데 결과는 관중의 예언대로, 군주가 임명한 대신이 반란을 일으켜 환공을 죽여 버렸다. 이러한 두 가지 예를 종합해 보면, 세의 정치란 민심을 얻어야 한다는 뜻과 조직의 권력을 확보해야 한다는 뜻으로 해석된다. 나는 이것이 그람시가 말한 헤게모니 개념과 유사하다고 본다. 왜냐하면 헤게모니란 감정적 동의와 물리적 권력을 동시에 의미하는 것인데, 한비자의 세의 정치가 두 가지 함의를 포함하는 것으로 보이기 때문이다.

결론적으로 한비자의 법치주의는 관료제의 완성을 의미한다는 의미에서 베버의 생각과 가깝고, 술의 정치는 건강한 행정체계를 유지하고 귀족들의 발호를 방어한다는 의미에서 마키아벨리의 비르투 개념과 유사하며, 세력의 정치는 민심을 얻고 물리적 권력을 확보한다는 의미에서 그람시와 동일한 문제의식에 있다고 평가한다.

덕은 인간의 내면을 강조하는 개념이다. 정치를 실천하는 데 기본적인 덕목이 필요하다는 뜻이다. 여기에는 지식이 중요하다. 앎이란 단순히 세상의 이치를 아는 것뿐만 아니라, 내가 어떻게 행동해야 하는지를 아는 것이다. 그런 의미에서 앎이란 실천적 지혜를 의미한다. 다시 말해 실천적 지혜란 상황에 맞는 행동을 선택할 수 있는 판단력이다. 판단이란 상황과 맥락에 따라서 달라지기 때문에 수학 공식처럼 일률적으로 결정할 수 없다. 이것이 정치학의 특성이다. 또 실천적 지혜란 자신을 절제할 수 있는 능력이다. 행동은 언제나 감정과 연관되어 있는 만큼 적절한 행동이 감정에 휘둘리지 않도록 하는 것이 대단히 중요하다.

이 두 가지 특성은 서양이나 동양이나 비슷하다. 아리스토텔레스는 실천적 지혜를 아레테라고 불렀고, 공자는 실천적 지혜로서 인과 중용을 강조했다. 이러한 덕의 개념은 한국정치에서도 전통적으로 존재했다. 조선시대의 정치에서『소학』을 거쳐,『대학』을 지나 마지막의『성학』에 이르기까지 인간이 갖추어야 할 행동규범은 바로 덕이었다. 이율곡이 선조에게 바친 『성학집요』에 보면 2편 '수기'의 7절이 양기에 관한 것이다. 여기서 율곡은 기질을 고쳐서 다스리는 것이 자기 수양에 중요한 질자이며, 이것은 왕으로서 정사를 펼칠 때에도 여전히 중요한 역할을 하고 있음을 밝히고 있다. 한국의 정치가 혼란스러운 이유는 기본적인 덕을 갖추지 못한 사람들이 정치판에 있기 때문이 아닐까?

한편 덕은 타인과 함께 살아가기 위한 사람들의 기본 조건이다. 정치를 하는 사람이나, 정치에 직접 참여하지 않는 사람이나, 덕을 갖추어야 한다. 이것을 고대정치에서 자유인의 조건이라고 불렀고, 근대사회에서는 시민권이라고 불렀다. 그런데 나는 덕을 갖추었는데 타인은 덕이 부족하다면 어떻게 해야 할까? 이때부터 정의론이 등장한다. 정의는 근본적으로 나와 남의 관계에서 출발하는 것이다. 정치는 반드시 정의론을 수반하기 마련이다. 왜냐하면 정치는 남과 더불어 사는 방식을 고민하는 학문이기 때문이다. 여기서 가장 큰 쟁점은 타인을 어디까지 인정하고 수용할 것인가이다. 고대정치에서는 성인 남자, 교육을 받은 자, 경제적 부가 있는 자, 아고라에서 연설을 할 수 있는 자 등의 까다로운 조건이 있었다. 근대정치에서는 세금을 낸 자와 남자라는 조항만이 남아 있다가, 19세기에 경제조항은 사라졌고, 20세기에는 남자와 여자의 구분이 사라졌다. 현재에는 외국인에 대한 조건만이 남아 있다.

근대정치는 계약으로 정치를 바라보기 시작했다. 이에 발맞추어 정의론도 변화되었다. 희랍적 전통에서 로마법의 전통으로 이

행한 것이다. 즉 덕이란 공동체를 먼저 생각하는 발상이었다면, 계약이란 '나의 몫을 나에게'라는 원칙에 따라 만들어진 발상이다. 그래서 개인의 자유와 권리가 중요해진다. 나의 권리를 강조하게 되면 타자를 인정하는 데 인색해지기 마련이다. 따라서 고대에는 공동체의 통합이 정치의 목표였다면, 근대에는 나의 생존이 정치의 목표가 된다. 이러한 생존전략의 극단적 형태가 바로 국가이성이다. 근대에 이르러 내 국가의 생존을 위해 타 국가를 궤멸시키고, 내 생존을 위해서 타인을 죽이는 것이 정당화된다. 수단과 방법은 무엇이든지 허용된다. 역사적으로 보면 이러한 힘의 정치는 근대국가와 자본주의라는 배경 속에서 탄생한 것이다.

중국과 일본 그리고 한국에서 국가이성은 서구식 근대성을 받아들이는 기준이 되었다. 중국의 쑨원, 일본의 후쿠자와 유키치, 한국의 안중근 등이 유교적 질서를 마감하고 국가이성의 목표를 설정하려고 했고, 이 과정에서 자국 중심의 생존논리가 국제정치를 지배하게 되었다. 극단적인 민족주의와 국가이성의 논리는 제국주의로 나타났고, 한국과 중국은 힘의 정치에 희생양이 되고 말았다. 오늘날 북한과 남한의 대치도 결국은 왜곡된 국가이성의 대립이라고 볼 수 있을 것이다. 따라서 동북아의 평화를 실현하기 위해서는 침략적 국가이성을 평화주의적 국가이성으로 변화시켜야 한다.

더구나 한국의 국내정치는 근대국가를 완성하지 못한 혼란이 아직도 지속되고 있다. 왕조시대를 강제로 마감하고 민족국가를 완성하지 못한 단계에서, 이념적 대결과 경제적 궁핍을 벗어나기 위해서 모든 정치는 살아남기 위한 전략으로 전락하고 말았다. 계약의 정신은 뿌리를 내리지 못한 채 자유주의라는 제도가 왜곡되었고, 국가 위기 상황이라는 구호 아래 국가이성은 남용되기 일쑤였다. 이승만과 박정희의 정부를 어떻게 평가하는가를 두고, 건국과 부국의 정책들을 두고, 보수와 진보 사이에 치열한 논쟁이 끊이질 않는다. 이런 맥락에서 보면 한국사회의 미래는 덕의 정치와 힘의 정치가 어떻게 균형을 이루는가에 달려있다. 민주화란 결국 덕의 정치와 정의론이 정착하는 것이라고 할 수 있을 텐데, 그동안 힘의 정치가 과도하게 작동했기 때문에 정치 민주화가 방향을 잃고 말았다. 하루빨리 덕과 힘의 조화가 실현되기를 바란다.

한편 서양에서는 덕과 힘의 정치 사이에 사랑의 정치를 논할 지적 공간이 존재해 왔지만, 한국에서는 사랑을 거론하는 것이 시대착오적이었다. 사랑의 정치가 자리 잡을 만한 조건이 성숙되지 못한 채, 종교적 운동이 이것을 대신하고 말았던 것이다. 정의론이 공동체를 유지하는 논리라고 한다면, 그리스의 전통과 로마의 전통뿐만 아니라 기독교의 전통도 그 역할을 할 수 있어야 한다. 그리스의 전통이 아리스토텔레스였고, 로마법의 전통이 사회계약론이었다면, 기독교의 전통이 바로 사랑의 정치이다. 우리 사회에서 사랑의 정치가 정의론으로 자리를 잡을 수 있는 계기가 있을까? 덕의 정치가 희석되어 가고, 힘의 정치가 과장되어 왔던 한국 사회에서, 사랑의 정치에 기대를 거는 것이 허황된 꿈일까?

홍성민 교수의 알기 쉬운 정치철학 강의 1권

정치를 바라보는 3가지 관점

덕의 정치·사랑의 정치·힘의 정치

발행일 1쇄 2023년 6월 30일

지은이 홍성민

펴낸이 여국동

펴낸곳 도서출판 인간사랑

출판등록 1983. 1. 26. 제일-3호

주소 경기도 고양시 일산동구 백석로 108번길 60-5 2층

물류센타 경기도 고양시 일산동구 문원길 13-34(문봉동)

전화 031)901-8144(대표) | 031)907-2003(영업부)

팩스 031)905-5815

전자우편 igsr@naver.com

페이스북 http://www.facebook.com/igsrpub

블로그 http://blog.naver.com/igsr

인쇄 하정인쇄　출력 현대미디어　종이 세원지업사

ISBN 978-89-7418-440-7　04340
　　　978-89-7418-439-1　(세트)

* 책값은 뒤표지에 있습니다.　* 잘못된 책은 바꿔드립니다.